Joachim Brand

Wander-reiten

Rittplanung, Ausrüstung, Training

BLV Verlagsgesellschaft
München Wien Zürich

CIP-Kurztitelaufnahme der Deutschen Bibliothek

Brand, Joachim:
Wanderreiten: Rittplanung, Ausrüstung,
Training / Joachim Brand. – München; Wien; Zürich:
BLV Verlagsgesellschaft, 1985.
ISBN 3-405-13158-8

Bildnachweis
Alle Fotos vom Autor
Die Veröffentlichung der Abbildung auf S. 69 erfolgt
mit freundlicher Genehmigung der Maximilian-
Verlagsgruppe, Herford

Titelfotos: J. Brand/J. Kemmler
Grafiken: Barbara von Damnitz,
außer Hellmut Hoffmann S. 98

Satz und Druck: Rombach Druckhaus KG, Freiburg i. Br.
Bindung: R. Oldenbourg, München
Printed in Germany · ISBN 3-405-13158-8

Inhalt

Das Wanderpferd

Die Ausrüstung

Planung und Durchführung

Anhang

Vorwort

Es ist keineswegs verwunderlich, daß das Wanderreiten in den letzten Jahren immer mehr Anhänger gefunden hat. Das Gefühl der absoluten Freiheit, das Leben mit den Pferden und im Rhythmus der Pferde steht in krassem Gegensatz zu unserem gewöhnlichen, von Hektik, Streß und Geschwindigkeit geprägten Alltag. Auch die Nostalgiewelle mag mitspielen, die Sehnsucht nach der »guten alten Zeit«, die zwar in mancher Hinsicht so gut gar nicht war, aber vielen so erscheint. Postkutschen- und Westernromantik spricht unbewußt viele mit an.

Ein Großteil der Reiter lehnt den Turniertrubel und jegliches Wettbewerbsdenken ab. Leider beschränkt sich aber beides heute nicht nur auf die klassische Reiterei und den Springsport; auch unter den Freizeit- und Westernreitern, die ursprünglich von Wettbewerben aller Art nichts wissen wollten, greift diese Denkweise um sich. Erinnert man sich an die Anfänge der Westernreiterei in Deutschland und vergleicht den heutigen, nach amerikanischem Muster ablaufenden Turnierbetrieb damit, so ist festzustellen, daß das eine mit dem anderen wenig oder gar nichts gemein hat. Gleiches gilt für das Distanzreiten, bei dem es anfangs in erster Linie ums Durchkommen mit dem gesunden Pferd ging. In dieser Sportart drängt sich der Vergleich mit den Vielseitigkeitsprüfungen direkt auf: Heute werden die Pferde gezielt und mit professionellem Aufwand auf eine Prüfung hintrainiert; d. h. nicht mehr das Pferd als Kamerad und die Entspannung stehen im Mittelpunkt des Interesses, sondern Sieg und Pokal.

Das Schöne am Wanderreiten ist eben das Wegfallen jedes wettkampfmäßigen Leistungsdenkens. Nicht das schnelle Ankommen oder die Marschleistung ist wichtig, sondern das Unterwegssein. Dies aber heißt beileibe nicht, daß eine Wanderung zu Pferde keine sportliche Leistung darstellt. Ohne Vorbereitung ist kein Wanderritt durchführbar; die Anforderungen an einen Wanderreiter sind in jeder Hinsicht größer als in vielen anderen pferdesportlichen Disziplinen. Allgemeine Fitness, gezieltes Training, das Wissen um Futtermittel, Krankheiten, Giftpflanzen, Hufbeschlag, Wetter, Karte und Kompaß, um nur einiges zu nennen, sind für den Wanderreiter unumgänglich. So mancher gute Turnierreiter wäre den speziellen Anforderungen eines Wanderrittes über zwei Wochen wohl so wenig gewachsen wie sein Pferd. Kurzzeitige Spitzenleistung ist etwas ganz anderes als wochenlange Märsche mit schwerem Gepäck und bei jedem Wetter.

Bei vielen fing die Wanderreiterei mit Tagesritten und Zweitagesritten an und steigerte sich allmählich zu wochen- und gar monatelangen Unternehmungen. Nach diesem Schema sollte jeder Neuling auf dem Gebiet des Wanderreitens einsteigen: vom Leichteren zum Schwereren! Dies läßt sich gut mit dem vorbereitenden Training verbinden; dazu mehr im entsprechenden Kapitel.

Selbstverständlich bedarf es am Anfang keiner großartigen Ausrüstung; für einen Wochenendritt mit Begleitauto, vorbestelltem Stall und Hotelübernachtung sind keinerlei besonderen Anschaffungen erforderlich. Für einen längeren Ritt hingegen ist viel an Vorbereitung und eine umfassende Ausrüstung nötig.

Dies gilt besonders für Ritte ins Blaue und ohne Troßfahrzeug.
Im folgenden will ich das Wissen, welches ich in vielen Jahren aus allen möglichen Quellen im In- und Ausland zusammentrug, weitergeben. Manches stammt aus eigenen Erfahrungen, manches von anderen Reitern, aus Büchern wie auch aus alten Heeresdienstvorschriften.
Da das Wanderreiten ein recht junger Zeitvertreib ist und das Pferd als Fortbewegungsmittel seit vielen Jahrzehnten nicht mehr verwendet wird, muß man auf alte Erfahrungen der Kavallerie im europäischen Raum zurückgreifen. Diese war in unseren Breitengraden, oft unter schwierigsten Bedingungen, jahrelang unterwegs. Erfahrungen aus den USA, Afrika, Island oder anderen entfernten Ländern sind nur mit größter Vorsicht zu übernehmen, da die Verhältnisse hierzulande – wie Klima, Gelände und Pferdematerial – oft ganz anders gelagert sind. Bei der Besprechung des Sattelzeuges komme ich darauf zurück. Beim militärischen Sattelzeug haben wir den Vorteil, daß dieses regelmäßig erprobt und verbessert wurde. Der Kavallerist in Europa war auf die ständige »Funktionsfähigkeit« seines Pferdes angewiesen. Fiel das Pferd oder der Sattel aus, so war der Reiter unter Umständen verloren. Bei berittenen Viehhirten lag die Sache ganz anders: Unbrauchbar gewordene Pferde waren auf Grund des großen Angebotes an Pferdematerial sehr leicht und schnell zu ersetzen. Daher war eine perfekte Ausrüstung nur von der Bequemlichkeit des Reiters her nötig; pferdgemäße Sättel, Gebisse und Zaumzeuge waren nicht gefragt. Man konnte es sich leisten, sehr konservativ in dieser Hinsicht zu sein. Die Isolation der Viehtreiber zu Pferde tat ein übriges, um diese für Neuerungen wenig aufgeschlossen zu machen.

Oben wurde bereits angedeutet, daß das europäische Sattelzeug hier in Europa entstanden ist und hierhergehört. Dasselbe gilt sinngemäß für die Reitweise. Unsere klassische Reitkunst entstand bei uns, gewissermaßen als Produkt unserer Umwelt. »Exotische« Reitweisen dagegen gehören in die Länder, in denen sie entwickelt wurden, nicht nach Mitteleuropa. Für die Pferderassen trifft das gleiche zu; leider aber werden sie sogar innerhalb Deutschlands immer gleichförmiger. Eine Pferderasse, die ihren Ursprung in der entsprechenden Gegend hatte und an die sie angepaßt ist, gibt es bald nicht mehr. Das Zuchtziel »Deutsches Reitpferd« birgt die Gefahr in sich, daß die Eigentümlichkeiten unserer einheimischen Pferderassen mit der Zeit völlig verlorengehen. Dies aber nur am Rande.
Hier geht es in erster Linie darum, jenes Grundwissen zu vermitteln, das mir zur Vorbereitung, Planung und Durchführung von Wanderritten wichtig erscheint. Daneben ist die Lektüre von Büchern weiterer Fachgebiete zu empfehlen. Einige Anregungen hierzu bietet das Literaturverzeichnis am Ende dieses Buches. Jedoch sollte das gebotene Wissen völlig ausreichen, einen Ferienritt zu einem schönen Erlebnis und nicht zur Katastrophe werden zu lassen. In der Praxis läßt sich nicht jede Eventualität einplanen; oft helfen nur Diplomatie und eine gute Portion Improvisationsvermögen aus der Klemme.
Das Buch erhebt weder Anspruch auf absolute Vollständigkeit noch auf absolute und für jedermann (und jedes Pferd) zutreffende Ausschließlichkeit. Für Tips, Verbesserungsvorschläge und konstruktive Kritik bin ich jederzeit dankbar. In Sachen Pferd hat noch niemand ausgelernt!

Joachim Brand

Reiten in einer Gruppe oder Einzelreiten?

Bevor ich auf die Details des Wanderreitens, das Wanderreitpferd, die Ausrüstung von Reiter und Pferd und die Reitplanung eingehe, möchte ich folgendes zu bedenken geben:

Mit den Teilnehmern eines Wanderrittes ist man oft wochenlang zusammen und auf jeden einzelnen auf Gedeih und Verderb angewiesen. Deshalb suche man sich »seine Leute« sehr gut aus! Zum einen müssen ähnliche Interessen, Einordnungsvermögen und Ausdauer in weitaus größerem Maße vorhanden sein, als man bei einem kurzen Sonntagsausritt ins Gelände verlangt. Zum anderen heißt es, daß man mit diesen Personen tagaus, tagein zu tun hat und daß so manche, normalerweise als lustig empfundene Eigenart, permanent genossen, ganz schön lästig werden kann. Ein spontaner Entschluß, womöglich in bier- oder weinseliger, euphorischer Stimmung gefaßt, »irgendwohin zu reiten«, ist kaum die richtige Basis für einen mehrtägigen Ritt!

Der einfachste Weg, seine Begleiter vor dem Ritt zu testen, ist der, sein Training gemeinsam durchzuführen. Hierfür läßt sich zumindest am Wochenende ein allen passender Termin finden. Bei dieser Gelegenheit gewöhnen sich auch die Pferde aneinander und man gelangt zum richtigen, für alle angemessenen Marschtempo. Auf wenigstens einem dieser Wochenendritte wird auch das volle Marschgepäck mitgeführt. Vorher wird bestimmt, wer was mitzubringen hat. So genügt zum Beispiel ein Putzzeug für zwei Pferde, ein Kochgeschirr für zwei Reiter sowie ein Satz Beschlag- und Sattlerwerkzeug für die ganze Gruppe. Dies reduziert das Gepäckgewicht recht erheblich.

Die Rittplanung wird ebenfalls gemeinsam durchgeführt. Wohin, wie lange, auf welchen Wegen und unter welcher Führung – all das wird genau festgelegt.

Ist man zu zweit unterwegs, kann immer ein Reiter bei den Pferden zurückbleiben, während der andere Besorgungen erledigt.

Bei einer Gruppengröße von vier Personen und mehr ist es gut, vorher einen Führer zu bestimmen, der in Zweifelsfällen auch wirklich seine Entscheidung durchsetzen kann. Der »Chef« wird immer der erfahrenste Reiter der Gruppe sein. Je größer eine Gruppe ist, desto mehr Disziplin muß herrschen, nicht nur, weil das Ganze sonst zu sehr an ein »wildes Heer« erinnern würde, sondern auch, um Unfälle zu vermeiden. Man denke nur an ein zu dichtes Aufreiten! Bei sehr großen Reitergruppen empfiehlt sich eine recht genaue Planung, da mit zunehmender Pferdezahl die Quartierfrage immer schwerer zu lösen ist. Ganz abgesehen davon wird, je mehr Teilnehmer es sind, auch die Chance immer größer, daß sich ein schwacher Reiter darunter befindet. Übrigens sollte es immer eine *gerade Zahl von Reitern* sein, da bei einer ungeraden Teilnehmerzahl unweigerlich ein Reiter zum Außenseiter gemacht wird.
Der Einzelreiter hat es in diesem Punkt wesentlich leichter. Er braucht auf niemanden außer auf sein Pferd Rücksicht zu nehmen und reitet in seinem eigenen, selbstgewählten Tempo dahin, wie und wo er gerade Lust hat. Kontakt zur Landbevölkerung findet man als einzelner sehr leicht, wogegen die größere Gruppe immer als solche, das heißt geschlossen, auftritt. Die Quartiersuche ist ebenfalls für den Einzelreiter wesentlich leichter als für die Gruppe. In Gefahrensituationen, beim Einkaufen und beim Besuch eines Gasthofs hingegen bietet die Gruppe wiederum Vorteile, denn es ist immer jemand da, der sich um die Pferde kümmern kann. Die Unfallgefahr als solche ist, falls Pferd und Reiter gut aufeinander eingespielt sind, beim Einzelreiter auch nicht höher als in der Gruppe; jedoch ist hier schnell Hilfe zur Hand. Sollte man aber durch wirklich wildes, von der Zivilisation fast unbelecktes Gebiet reiten, so ist sicherheitshalber bei einer zu vereinbarenden Stelle bzw. Person die Route zu hinterlegen und ein tägliches An- und Abmelden sehr anzuraten, da dies später eventuell nötige Suchaktionen sehr erleichtern kann.
Ob man sich einer Gruppe anschließt oder sich allein auf einen Wanderritt begibt, sollte sehr genau bedacht werden. Nicht jeder ist zum Einzelreiten geeignet; vielen wird es sehr schnell zu viel, mit keinem anderen Gesprächspartner als seinem Pferd durchs Land zu ziehen. Für manch anderen gibt es dagegen nichts Schöneres.
Ganz gleich, ob man allein oder in der Gruppe unterwegs ist: Man darf nie leichtsinnig werden, nie etwas unnötig herausfordern! Lieber geht man auf Nummer Sicher, sitzt ab und führt, als daß man riskiert, von seinem Pferd abgeworfen zu werden und sich dabei etwas zu brechen!
Lassen Sie mich noch ein Wort zum Verhalten auf Wanderritten sagen. Ein freundlicher Umgang mit der Landbevölkerung ist äußerst wichtig; schließlich sind wir Wanderreiter auf die Hilfe und Bereitwilligkeit dieser Menschen angewiesen, nicht umgekehrt. Zwei alte Sprichwörter sollte man auf seinen Wegen stets beherzigen: »Wie du kommst gegangen, so wirst du empfangen«, und »Wie man in den Wald hineinruft, so schallt es zurück«. Langjährige Erfahrungen haben gezeigt, daß uns unser Ruf schnell und weit vorauseilt, schneller als wir vielleicht glauben! Auch unser Verhalten untereinander und unsere Art, mit den Pferden umzugehen, spricht sich sehr rasch herum.
Und noch eines: Man raucht nicht zu Pferde, man raucht nicht im Wald, und man raucht auch nicht in der Scheune oder im Stall! Das ist sowohl unreiterlich als auch höchst gefährlich!

Das
Wanderpferd

Pferdewahl

Es ist nicht meine Absicht, an dieser Stelle die Vor- und Nachteile der verschiedenen Pferdetypen gegeneinander abzuwägen, die Rassen im einzelnen zu beschreiben oder Ratschläge bezüglich Beurteilung oder Kauf von Pferden zu geben. Hierüber liegt eine Unzahl von Büchern vor; einige wenige davon sind im Literaturverzeichnis aufgeführt.

Das zum Wanderreiten geeignete Pferd muß in jedem Fall *voll ausgewachsen,* also wenigstens fünf, besser aber *sechs Jahre oder mehr alt* sein. Gute Hufe, regelmäßige Gliedmaßenstellung, gute Sattellage und ein tiefer Brustkorb sind wichtig. Ein »Bauch« am Pferd schadet kaum, solange er nicht so dick ist, daß er die Atmung behindert; Pferde mit Bauch sind meistens gute Futterverwerter. Ein Bauch, der den Sattelgurt nach vorn rutschen läßt, ist jedoch zu groß!

Irrig ist die Annahme, daß ein knochiges Pferd zäher und ausdauernder sei als ein fülliges. Nach TYLDEN wurde von britischen berittenen Einheiten die Beobachtung gemacht, daß im Gegensatz zum mageren Pferd wohlgenährte und durchtrainierte Tiere anstrengende Feldzüge besser durchstehen. Dies ist an sich logisch, da letztere wohl ihr Futter besser verwerten. Das heißt aber nicht, daß man sein Pferd mästen soll!

Ein allzu langer Rücken ist beim Pferd abzulehnen. Wenngleich für den Reiter recht bequem – der lange Rücken schwingt mit, so daß die Bewegungen für den Reiter kaum wahrnehmbar sind – so verfügt ein solches Pferd nur über eine sehr geringe Tragfähigkeit. Ein kurzer Rücken dagegen trägt den Reiter besser, selbst über große Distanzen. Hier sollte der Reiter auf ein ideales Verhältnis von Größe und »Länge« des Pferdes bedacht sein.

Zu große Pferde sind genauso wenig zu empfehlen wie zu kleine. Mir persönlich am liebsten ist ein Pferd mit circa 150 bis 165 cm Stockmaß und 10 bis 12 Zentner Eigengewicht. Die alte Faustregel, daß ein Pferd *maximal mit einem Fünftel oder einem Sechstel* seines Eigengewichtes zu belasten ist, gilt auch heute noch. Das heißt, daß ein Pferd, das 10 Zentner wiegt, maximal 2 Zentner tragen kann, ein Pferd mit 8 Zentnern ist mit 160 Pfund voll belastet, und so weiter. Wenn also ein Reiter, der 80 Kilogramm wiegt, sich auf ein Kleinpferd setzt, so ist das schon zuviel! Sicher haben manche Kleinpferderassen auf Grund ihrer festeren Knochenstruktur ein wesentlich größeres Tragvermögen (zum Beispiel ist das beim Isländer der Fall), trotzdem soll man sich aber an diese Regel halten. Bei kurzen Ritten macht sich eine Überbelastung noch nicht so stark bemerkbar. Dennoch würde ich dem größeren Pferd den Vorzug geben, weil ein großes Pferd angenehmer zu reiten ist als ein kleines; sein Schritt ist raumgreifender und der Trab bequemer zu sitzen. Generell gilt: Je größer der Reiter, desto größer sollte auch das Pferd sein. Wie schon angedeutet, sind nach oben – ebenso wie nach unten – Grenzen gesetzt, da mit zunehmender Größe des Pferdes das Aufsitzen vor allem mit Gepäck immer schwieriger wird. An dieser Stelle sei auch angemerkt, daß, je größer ein Pferd ist, es um so schlechter sein Futter verwertet. Übergroße Pferde gar fallen auf langen Ritten zusehends

ein und nehmen ab, egal, was oder wieviel gefüttert wird. Auch dies gilt es bei der Pferdeauswahl zu bedenken.
Keineswegs kann pauschal behauptet werden, daß nur Kleinpferde die idealen Freizeitpferde sind. Zwar hört man in diesem Zusammenhang häufig die Argumentation, daß die alten Reitervölker wie Hunnen, Mongolen, Araber oder Türken durchweg nur kleine Pferde gebraucht hätten. Das ist sicher richtig, hierbei wird aber völlig übersehen, daß diese Menschen wesentlich kleiner und leichter waren als der heutige Mitteleuropäer. Außerdem waren die damaligen Reiter praktisch ohne Gepäck unterwegs.
Unbestritten bleibt die Tatsache, daß kleinere Pferde mit weniger Kraftfutter auskommen können als Großpferde. Auch sind viele der Kleinpferde zäher als Großpferde; das gleiche trifft für den Araber zu. Dabei gilt es aber immer zu bedenken, daß viele der guten, rassetypischen Eigenschaften bei Stallhaltung verlorengehen.
Derzeit kommen viele der widerstandsfähigsten und ausdauerndsten Pferde aus dem Ostblock, wo sie weitgehend robust aufgezogen werden. Diese Pferde sind an unser wechselhaftes Festlandsklima mit seinen plötzlichen Temperaturstürzen gewöhnt. Kleinpferde, die aus gemäßigten Seeklimazonen (Küste oder Inseln) stammen, haben gegenüber den Tschechen, Polen, Letten, den Panjes und wie sie alle heißen, eine wesentlich weniger robuste Gesundheit. Dies zeigt sich an der erhöhten Krankheitsanfälligkeit vieler dieser Pferde. Vor allem gilt das für Pferde, die aus dem hohen Norden zu uns kommen: Sie sind besonders anfällig für Allergien, was sich beim Isländer zum Beispiel in Form von Sommerekzem und einer erhöhten Disposition zur Dämpfigkeit äußert. Auch Norweger werden bei uns gern dämpfig. Diese Beobachtungen kann jeder Pferdehändler oder Tierarzt bestätigen.
Nach meiner Erfahrung ist unser deutsches Warmblut auch für den Freizeitreiter sehr zu empfehlen – vorausgesetzt, die Tiere werden artgerecht gehalten, haben genügend Zeit zur vollen körperlichen Entwicklung und erfahren eine sachgemäße Ausbildung.
Zur *Pferdehaltung* möchte ich nur kurz sagen, daß ein sommers wie winters offener Stall, am besten mit einem Auslauf davor, für unsere Pferde ideal und billig ist. An besonders kalten Tagen deckt man die Pferde eventuell ein, um Gewichtsverlust durch Kälte einzudämmen (Kälte kostet Hafer!) und der Bildung eines allzu dicken Winterfelles vorzubeugen. Pferde mit einem allzu dichten Haarkleid lassen sich schlecht trainieren, da sie schnell schwitzen und hinterher kaum trocknen.

Ausbildung des Wanderpferdes

Nur Tiere mit ruhigem, anständigem Charakter eignen sich zum Wandern zu Pferde. Des weiteren müssen Pferd und Reiter vom Temperament her zueinander passen. Wenn sie sich nicht von vornherein gut verstehen, kann die Sache auf Dauer kaum gutgehen. Der Reiter muß auf Anhieb spüren, daß er mit einem Pferd klarkommen kann; hat er von Anfang an das Gefühl, daß er mit einem bestimmten Pferd nie auf einen gemeinsamen Nenner kommen wird, so sollte er von einem Kauf absehen, auch wenn das Pferd noch so gut, schön oder preisgünstig ist. Dieser Punkt ist sehr wichtig, wird aber beim Pferdekauf nur selten beachtet. Im Zweifelsfall sollte man einen Kauf auf Probe verlangen, der allerdings großes Vertrauen seitens des Verkäufers verlangt. Im übrigen eignet sich die Vorbereitungs- und Trainingszeit wohl am besten dazu, daß sich Mensch und Tier gegenseitig kennenlernen und aneinander gewöhnen.

Doch nun zur Ausbildung selbst. Da auf Wanderritten der Schritt die am meisten oder sogar allein angewendete Gangart ist, muß dieser in erster Linie und so weit als irgend möglich gefördert werden. Der Schritt soll raumgreifend und fleißig sein. Zuerst wird auf maximalen *Raumgriff* hingearbeitet, erst in zweiter Linie auf *schnelle Schrittfolge.* Anzustreben ist eine Geschwindigkeit von 6 Kilometer pro Stunde oder mehr. Bis zu 8 oder 9 Kilometer pro Stunde sind mit einem Großpferd bei gezieltem Training zu erreichen. Die Schrittarbeit besteht vor allem darin, am langen Zügel das Pferd mit Kreuz und Schenkel vorwärtszutreiben. Fällt das Pferd dabei in Trab, wird es sofort durchpariert zum Schritt und das Treiben wieder begonnen. Allerdings sollte das Pferd in der einmal eingeschlagenen Gangart bleiben, ohne daß seitens des Reiters ein ständiges Treiben mit Kreuz und Schenkeln nötig wäre. Eventuell kann die Schrittarbeit im Freien durch Cavaletti-Arbeit auf dem Reitplatz sinnvoll ergänzt werden.

Bei einem Gruppenritt ist es wichtig, daß alle Pferde gleich schnell sind. Dies ist am einfachsten durch gemeinsames Training zu erreichen. Trainiert jeder nur für sich allein, so ist es durchaus möglich, daß eines der Pferde der Gruppe im Schritt davonläuft und permanent von seinem Reiter zurückgehalten werden muß. Das andere Extrem, nämlich daß ein langsames Pferd hinter der Gruppe hertrödelt und auch auf andauerndes Treiben seines Reiters nicht mit den anderen mithalten kann, ist hingegen noch unangenehmer: Hat sich die Gruppe ein paar hundert Meter von dem Trödler entfernt, so fällt dieser in Trab, um den Vorsprung der anderen aufzuholen. Daraufhin traben die anderen Pferde ebenfalls an, Unruhe kommt in die Gruppe und das Marschtempo wird gestört. Auf die Dauer ist das wirklich kein vergnüglicher Ritt. Besser ist es, solche Pferde und Reiter daheim zu lassen, wenn man Spaß an der Reiterei haben will!

Alle Pferde einer Wanderreitgruppe müssen lernen, als Tetenpferd (also am Kopf der Gruppe), am Schluß, mitten unter den anderen Pferden, nebeneinander und in beliebigem Abstand voneinander zu gehen. Vor allem bei der Ausbildung junger Pferde ist dieser Punkt der Ausbildung sehr wichtig, da später schlechte Angewohnheiten und

Das Wanderpferd muß sich auch durch schwieriges Gelände durcharbeiten können.

Ungehorsam in diesem Zusammenhang den Tieren kaum aberzogen werden können.

Auch das Kleben (eine ursprünglich natürliche Angewohnheit, ist das Pferd doch ein Herdentier) wird den Pferden anerzogen. Darum reitet man auf geeigneten Feldwegen auch nebeneinander – im Schritt, Trab oder Galopp –, entfernt sich plötzlich von seinem Begleiter, kehrt wieder zurück oder reitet auf getrennten Wegen heim. Daneben dienen Alleinritte ebenfalls der Erziehung des Pferdes. Freßpausen im Gelände (eventuell den Hafersack umhängen!) helfen mit, die Sehnsucht nach dem heimatlichen Stall zu reduzieren. Kleben darf kein Geländepferd, da es draußen immer wieder nötig sein kann, die Gruppe zu verlassen, sei es, um irgendwelche Besorgungen zu machen, Hilfe zu holen oder den Weg zu erkunden.

Manche Pferde wollen weder einen ruhigen Schritt noch einen ruhigen Trab gehen, sondern legen aus Ehrgeiz von sich aus an Tempo zu und traben bzw. galoppieren an. In jeder Reitlehre ist nun nachzulesen, daß man in diesem Fall mit halben oder ganzen Paraden das Tempo verringern soll. Damit aber kam ich bisher nie zum gewünschten Erfolg. Besser und oft erfolgreich praktiziert ist folgende Methode: Legt das Pferd von sich aus zu, so lasse ich es gewähren, wenn es das Gelände zuläßt. Irgendwann wird das Pferd dann doch müde, vor allem wenn man viel bergauf reiten und klettern kann. Ist das Pferd endlich so müde geworden, daß es von selbst ein langsameres Tempo wählt, beginnt man mit dem Treiben und marschiert noch ein ganzes Stück Wegs so zu. Hat man dies einige Tage lang praktiziert, so lernt das Pferd von selbst, ein ruhiges Marschtempo vorzulegen. Bei Pferden, die sich im Gelände aufregen, können Freßpausen und Führstrecken ebenfalls zur Beruhigung beitragen. Auch ein Paddock hinter dem Stall und regelmäßige Bewegung tragen viel zur Ruhe der Pferde im Gelände bei. Wird ein Pferd die ganze Woche über im Stall eingesperrt, so darf man sich über seinen ungebärdigen Bewegungsdrang nicht wundern!

Routinierte Pferde lernen übrigens sehr schnell, ob ein langer Wanderritt oder nur ein kurzer Spazierritt ansteht. Sie merken das nicht nur an den Vorbereitungen, sondern scheinen es irgendwie zu erahnen. Mein Wallach aus der Tschechei wußte zum Beispiel ganz genau, wenn ich die Packtaschen auflegte, ob es anschließend auf einen langen Marsch ging oder ob nur ein Übungsritt mit Gepäck anstand. In ersterem Fall drosselte er sein Tempo kräftig, im zweiten pflegte er zu »spinnen«, bockte, trabte, galoppierte oder machte sonstige Kapriolen.

An Wasser, d. h. an Bäche, das Durchfurten von Flüssen oder Seen gewöhnt man die Pferde so früh wie nur irgend möglich. Geeignete Wasserläufe sind leider nur mehr schwer zu finden, da viele Gewässer künstlich aufgestaut wurden. Auf Schutt und Glasscherben im Wasser ist zu achten. Vorsicht ist geboten, wenn die Pferde sich im Wasser hinlegen wollen. Das wird in der Regel durch Scharren im Wasser mit den Vorderbeinen angekündigt. Dann ist sofort energisch vorwärtszureiten, will man ein kühles Bad vermeiden.

Bergauf und bergab muß ein Pferd alles klettern können; notfalls muß es sogar fähig sein, einen Steilhang auf den Hinterbacken hinunterzurutschen. Selbstverständlich wird mit kleinen Steigungen angefangen; im weiteren Verlauf der Ausbildung können die Anforderungen an das Pferd gesteigert werden. Auch das Reiten und Klettern mit vollem Marschgepäck muß vorher geübt werden, da das Pferd sein Gleichgewicht unter der vollen Packlast erst finden muß. Im Gegensatz zum Reiter ist das Gepäck eine tote Last, die wesentlich schwieriger auszubalancieren ist.

Ein Geländepferd sollte willig seinen Weg durch das Unterholz und dichtes Gestrüpp suchen. Als Vorübung zum Überklettern von Fallholz leisten am Boden liegende Stangen, Cavaletti und auch alte Autoreifen gute Dienste. In der Praxis sind diese Fähigkeiten des Pferdes nur relativ selten erforderlich, da man sich ja an die Wege hält. Dennoch sollte man vorbereitet sein, denn so mancher Weg endet auf einem Kahlschlag oder hört ein Stück vor dem Waldrand auf. Ebenso kann es immer wieder vorkommen, daß ein Sturm Bäume über den Weg geworfen hat oder Waldarbeiter am Werke sind. Holzplätze eignen sich übrigens bestens zum Üben, da auf ihnen alle möglichen natürlichen Hindernisse die volle Aufmerksamkeit von Pferd und Reiter verlangen. Daß man hier den Kopf des Pferdes frei gibt, damit es auf den Boden sehen kann, ist selbstverständlich.

Heute muß jedes Pferd hundertprozentig »verkehrssicher« sein, denn auf Wanderritten hierzulande läßt es sich nicht umgehen, Verkehrsstraßen zu queren oder mit anderen für die Tiere ungewöhnlichen Situationen fertig zu werden. Es darf weder vor Autos und Lastwagen, Eisenbahnen oder dem Lärm von Flugzeugen erschrecken und durchgehen noch sonstwie auf der Straße aus der Ruhe zu bringen sein. Besondere Vorsicht muß der Reiter walten lassen, wenn etwas über Kopfhöhe geschieht, da das den meisten Pferden unheimlich ist. Beim Durchreiten eines Dorfes können Geräusche wie sich öff-

nende Rollos, das Ausschütteln von Decken etc. ein Pferd ganz schön erschrecken.
Ein Geländepferd muß seinen Reiter von beiden Seiten auf- und absitzen lassen. Oft genug zwingt einen die Geländebeschaffenheit dazu, anders als gewöhnlich an das Pferd heranzugehen. Außerdem ist das Aufsitzen leichter, wenn man dabei höher steht als das Pferd. Die Regel, die in unseren meisten Reitschulen immer noch gedankenlos befolgt wird, nämlich daß man nur von links aufzusitzen hat, stammt aus längst vergangenen Tagen, als die Reiter links ihren Säbel trugen. Mit diesem an der Seite war das Aufsitzen von rechts ein Ding der Unmöglichkeit. Man probiere es nur einmal aus!
Beim Eingewöhnen junger, unerfahrener Pferde kann es von Vorteil sein, ein ruhiges und erfahrenes Pferd vorneweg oder neben dem Neuling gehen zu lassen. Im Straßenverkehr muß das erfahrenere Pferd das andere vom Verkehr abschirmen. Ebenso hilfreich ist es, wenn das Pferd Vertrauen zu seinem Reiter hat – eigentlich eine Grundvoraussetzung bei der Partnerschaft zwischen Pferd und Reiter. Vertrauen entsteht jedoch nur dann, wenn man sich viel mit seinem Pferd beschäftigt, vielleicht sogar ab und zu im Stall übernachtet. Bei nur einstündigem täglichen Reiten kann ein solch enges Vertrauen kaum gedeihen.

Zum Schluß noch ein Tip zum Reiten im Gelände: Will das Pferd stehenbleiben, wenn es etwas Neues sieht oder wittert, so läßt man es gewähren. Auch in fremdem Gelände bleiben Pferde hin und wieder stehen und schauen sich mit erhobenem Kopf und gespitzten Ohren um. Merkt man dabei, daß das Pferd Angst hat oder gar durchgehen will, so sitzt man besser ab und redet ihm gut zu. In jedem Fall wird es sich anschließend an den furchteinflößenden Gegenstand heranführen lassen. Strafen oder scharfes Spornieren wäre falsch, da das Pferd in Zukunft den verdächtigen Gegenstand mit Strafe assoziieren und noch mehr Angst bekommen würde.

Reitstil

Generell ist unsere klassische deutsche Reitweise auch zum Wandern zu Pferde geeignet. Als Richtlinie für die Reitkunst mag die »Reitlehre« von Wilhelm Müseler gelten. Ebenso ist die inzwischen als Nachdruck erschienene »HDV 12« (Heeresdienstvorschrift) aus dem Jahre 1937 immer noch aktuell.
Selbstverständlich sind für Langstrekkenritte die (zu) kurzen Bügelriemen aus der Reitbahnreiterei ungeeignet. Bei zu kurzen Bügelriemen schlafen mit der Zeit die Beine des Reiters ein, man wird steif und fällt dem Pferd zur Last. Folglich macht man die *Bügelriemen sehr lang,* unter Umständen noch länger als zum Dressurreiten. Nur so ist ein ermüdungsfreier Sitz auf Langstrekken möglich. Natürlich ist der lange Bügelriemen für schnelle Ritte (Distanzritte) nicht geeignet.
Auch beim Wanderreiten muß der Sitz korrekt sein: Der Absatz bildet den tiefsten Punkt, die Knie sind geschlossen und die Unterschenkel halten leicht Fühlung mit dem Pferd. Mit geschlossenem Knie meine ich aber nicht, daß der Reiter sich am Pferd festklammert, ganz im Gegenteil; er soll weich, anschmiegsam, elastisch und im Gleichgewicht sitzen. Balance ist der Schlüssel zum guten Sitz!
Das Haupttempo ist, wie bereits gesagt, der Schritt. Trab wird ebenfalls geritten, sofern das Gelände dies zuläßt. Galopp hingegen wird fast nie eingelegt, da er zuviel Kraft verbraucht, das Risiko von Beinschäden in unbekanntem Gelände zu hoch ist und zum anderen das Gepäck und seine Befestigung zu stark strapaziert werden.
Wenn getrabt wird, so wird in der Regel nicht ausgesessen; entweder trabt man leicht oder man stellt sich in die Bügel und federt so in den Knien jeden Stoß des Pferdes ab. Beim Leichttraben wird ab und zu die Hand gewechselt (umgesessen), um eine einseitige Ermüdung des Pferdes zu vermeiden. Spürt man aber, daß dem Pferd der Trab auf der einen Hand leichter fällt als auf der anderen, so trabt man selbstverständlich auf der Hand, auf der das Pferd weniger Schwierigkeiten hat (siehe auch »HDV 12«). Natürlich muß das Pferd auf beiden Seiten gleichermaßen ausgebildet werden, aber dies macht man zu Hause und nicht erst unterwegs auf dem Ritt.
Dressurhaltung verlangt man vom Pferd auf dem Geländeritt nicht, da diese seitens des Pferdes viel Kraft verbraucht. Im Normalfall hält man leichten Kontakt zum Pferdemaul und reitet am langen Zügel. So kann das Pferd am besten die ihm mit Packlast angenehmste Gehweise und Haltung finden. Versammelt wird das Pferd nur dann, wenn man besondere Aufmerksamkeit von ihm verlangt. Dies ist besonders im Straßenverkehr der Fall. In schwierigem Gelände – es wurde bereits gesagt – ist es besser, die Zügel lang zu lassen, so daß das Pferd seinen Weg selbst suchen kann.
Im Gelände hat man zumeist die Zügel in der linken Hand, gleichgültig, ob auf Trense oder Kandare geritten wird. Die rechte Hand benötigt man zum Umgang mit Karte, Kompaß, Kamera, zum Angeben der Richtung und dergleichen mehr.
An dieser Stelle möchte ich noch einige Anmerkungen zur *einhändigen Zügelführung* machen, die heute leider fast nirgends mehr gelehrt wird. Die hier be-

schriebene einhändige Zügelführung hat mit der Zügelführung im Westernreiten nichts zu tun. Beim sog. einhändigen Reiten wird wesentlich weniger Kraft auf das Pferdemaul ausgeübt als beim Gebrauch beider Hände. Paraden werden durch Eindrehen der Zügelfaust gegeben, Wendungen durch Drehen der Hand eingeleitet. Auf diese Weise läßt sich das Pferd jedoch kaum dirigieren, wenn nicht gleichzeitig deutliche Kreuz- und Schenkelhilfen gegeben werden. Nach langem Training und einer gewissen Erfahrung werden die Zügelhilfen immer feiner, und mit der Zeit kann man eventuell sogar ganz ohne Zügel auskommen. Das einhändige Reiten ist das Ende der Periode des Am-Zügel-Ziehens und der Anfang des wirklichen Reitens. Die Zügelhaltung ist beim Reiten auf Trense die gleiche wie beim Reiten auf Kandare, nur fallen die in der Abbildung eingezeichneten Kandarenzügel weg.

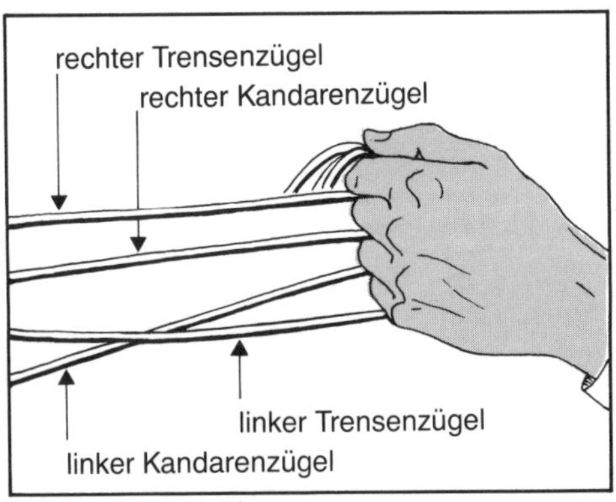

Richtige Zügelhaltung.

Bei Schwierigkeiten mit dem Pferd wird die Trense angefaßt, das heißt, der rechte Trensenzügel kommt in die rechte Hand (von unten nach oben, genau wie der linke in der linken Hand). Im äußersten Notfall – und auch zur Pferdekorrektur – werden die Zügel geteilt, das heißt, der rechte Kandarenzügel wird ebenfalls in die rechte Hand mit hinübergenommen. Das Auffassen der Zügel sollte man erst »trocken üben«, um später zu Pferd nicht wertvolle Zeit damit verbringen zu müssen, die Zügel zu sortieren. Im Gelände läßt man den Kandarenzügel in der Regel leicht durchhängen und benützt nur den Trensenzügel.
Erleichtern kann man sich das Reiten, wenn man den Kandarenzügel, wie es bei militärischem Zaumzeug üblich war, mit einer Schiebschlaufe versehen läßt. Diese schiebt man hinter den Ringfinger, wodurch der Kandarenzügel in der Länge mehr oder weniger arretiert wird.

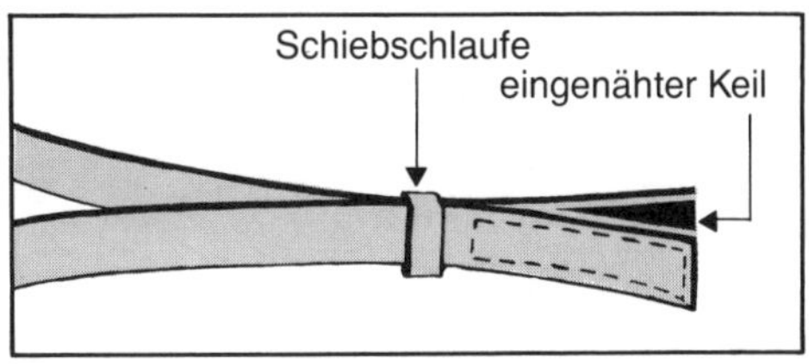

Der Schwerpunkt der Ausbildung eines Wanderpferdes ist naturgemäß zwar auf die Geländearbeit zu legen, jedoch schadet es keinem Pferd, wenn es von Zeit zu Zeit dressurmäßig durchgearbeitet wird. Besonders der Winter, der das Geländereiten weitgehend erschwert, bietet sich förmlich an, den Reitstil von Pferd und Reiter in der Halle zu kultivieren. Dressurarbeit verbessert nicht nur den Gehorsam des Pferdes, sondern hilft auch, die Pferdekräfte effizient einsetzen zu können.
In schwierigem Gelände sollte der Reiter seinem gesunden Menschenverstand folgen, auch wenn manches den strengen Regeln der klassischen Reitkunst zu widersprechen scheint. Folgende Verhaltensregeln haben sich in der Praxis beim Verfasser gut bewährt:

Beim **Bergaufreiten** ist der Oberkörper nach vorne zu neigen. Bei extrem steilen Hängen nimmt man die Zügel in die linke Hand und hält sich mit der rechten Hand an der Mähne des Pferdes fest. Das Festhalten ist besonders beim Reiten ohne Vorderzeug sehr anzuraten, da sonst der vollbepackte Sattel unweigerlich nach hinten rutschen wird. Dies würde ein Absatteln und erneutes Aufsatteln nötig machen. Daß ein verrutschter Sattel ein Pferd sehr aufregen kann, ist bekannt. Viele Pferde gehen Steigungen am liebsten im Galopp an. Solange das nicht gefährlich ist, läßt man die Pferde gewähren. In unwegsamem Gelände (lose Steine, Geröll, Löcher) ist jedoch immer Schritt zu reiten. Bei steilen Hängen ist ohnehin Schritttempo erforderlich. Bei langen Kletterstrecken sind an geeigneter Stelle regelmäßig Verschnaufpausen einzulegen. Ob man den Hang gerade anreitet oder eine Zickzackroute wählt, muß von Fall zu Fall, je nach der Beschaffenheit des Hanges, entschieden werden. Oft wird es auch nötig sein, die Pferde zu deren Schonung zu führen. Am Ende jedes langen Aufstieges sollte man absitzen, die Sattelgurte lockern und abwarten, bis sich die Atmung der Pferde und der Reiter wieder beruhigt hat. Diese Pause ist gleichzeitig zur Kontrolle von Sattelzeug, Hufen und Beschlag zu nutzen. Vor dem Weiterreiten sollte man das Nachgurten nicht vergessen.

Beim **Bergabreiten** muß man unbedingt senkrecht in den Hang einsteigen, da sonst das Pferd leicht zu Fall kommen kann. Die meisten Reitlehren schreiben vor, daß der Reiter dabei seinen Oberkörper nach vorne neigen und mit den Bewegungen des Pferdes mitgehen soll; gleichzeitig stützt er sich mit den Händen am Mähnenkamm ab. Meine eigene Erfahrung aber geht dahin, daß es bei extrem starken Steigungen bzw. Gefällen besser ist, den Oberkörper beim Bergabreiten zurückzunehmen. Zum einen verliert man nämlich auf diese Weise nicht so schnell die Balance und stürzt nach vorne vor das Pferd, zum anderen aber – und das ist wichtiger – geht das Pferd bei zurückgelegtem Oberkörper des Reiters langsamer. Neigt der Reiter dagegen seinen Oberkörper nach vorne, so gibt er dem Pferd das Kreuz frei und dieses geht den Berg schneller hinunter, als man es vielleicht möchte. Bei schnellen Ritten (Distanz, Vielseitigkeit) ist die Situation eine ganz andere: Dort geht es um Geschwindigkeit, beim Wanderreiten in erster Linie um Sicherheit. Abgesehen davon macht das aufgeschnallte Vordergepäck ein starkes Vorneigen des Reiters unmöglich. Das gleiche gilt auch für den Westernsattel, bei dem das Horn im Weg ist.
Die Regel, senkrecht in jeden Hang einzusteigen, gilt dort nicht, wo besondere Geländebeschaffenheit einen anderen Weg besser erscheinen läßt. Bergab reitet man nur Schritt oder man führt das Pferd, da schnellere Gangarten die Vorderextremitäten des Pferdes über Gebühr beanspruchen würden. Besonders anstrengend in dieser Hinsicht ist der Galopp. Ein altes Reitersprichwort lautet: »Bergab reit' mich nicht, bergauf treib' mich nicht, in der Ebene schon' mich nicht – das sei des Reiters Gesetz!« Wobei das »in der Ebene schon' mich nicht« nicht so wörtlich zu nehmen ist, schon gar nicht auf einem Wanderritt. Schließlich müssen wir mit den Pferdekräften haushalten!

Für das **Überwinden von Gräben** gilt das übers Klettern Gesagte, nur vergewissere man sich vorher, daß der Boden weder sumpfig, morastig noch voller Schutt und Scherben ist.

Sumpfgelände erkennt man in der Regel schon auf der Landkarte und umreitet es in großem Bogen, es sei denn, man ist mit der Gegend sehr gut vertraut. Pferden, die in Sumpfgeländen oder auf Hochmooren aufgewachsen sind, macht Morast wenig aus. Man denke nur an die »deer ponies« in Schottland, die sich ihren Weg durchs Moor mit Huf und Nase suchen können. Wieder andere Pferde können schon bei matschigem Untergrund in Panik ausbrechen. Im äußersten Notfall muß der Reiter absitzen und selbst einen passablen Weg durch den Sumpf suchen. Aus eigener Erfahrung sei jedoch gesagt, daß es wirklich Schöneres gibt!

Beim **Durchreiten von Bächen und flachen Seen** ist aufzupassen, daß das Pferd sich nicht plötzlich samt Reiter und Zubehör hinlegt. Auch reite man bei unbekannten Gewässern besser außen herum, wenn man nicht bis auf den Grund sehen kann – er könnte sumpfig, steinig, voller Löcher, Wohlstandsmüll oder sonstwie unerfreulich beschaffen sein. Viele unserer kleinen Flüsse haben tiefe Stellen gerade dort, wo man mit ihnen nicht rechnet. So ist zum Beispiel die fränkische Saale stellenweise gut knietief, ein paar hundert Meter weiter aber sieben oder acht Meter tief! Sicher ist sicher! Reitet man ins Wasser, so öffnet man vorher die Schnalle in der Mitte der Zügel, denn es kann ja passieren, daß man trotz aller Vorsicht plötzlich mit dem Pferd schwimmen muß. Kommt dann das Pferd durch einen unglücklichen Zufall mit einem seiner Vorderbeine in den geschlossenen Zügel, so besteht die Gefahr, daß es sich den Kopf unter Wasser zieht. Die Folge wäre, daß das Pferd sich selbst ertränkt. Beim Schwimmen mit dem Pferd ist darauf zu achten, daß man sich seitlich aus dem Sattel gleiten läßt und sich an diesem oder an der Mähne festhält. Bleibt man im Sattel sitzen, so ist die Gefahr recht groß, daß man das schwimmende Pferd umwirft.

Training

Ohne Training auf einen längeren Wanderritt gehen zu wollen, ist unverantwortlich. Ein solches Vorbereitungstraining sollte mindestens vier Wochen dauern. Sind Pferd und Reiter nicht gezielt vorbereitet, so hält keiner von beiden den Anforderungen eines Wanderrittes stand. Ein Reiter, der müde im Sattel hängt, behindert die Bewegungen des Pferdes, gibt Anlaß zu Satteldruck und ist am Abend nicht mehr fähig, sein Pferd zu versorgen. Da die meisten von uns in ihrem Beruf viel zu wenig Bewegung haben, von Routine im langen Reiten ganz zu schweigen, ist ein entsprechendes Fitnesstraining für den Reiter unumgänglich. Trainiert der Reiter sein Pferd selbst (Pferdebewegungsmaschinen bringen nichts!), so ist er auf die Anforderungen des Rittes gut vorbereitet. Führstrecken, auch im Trabe, geben Gelegenheit, Pferd und Reiter fit zu machen.

Das Training des Pferdes erstreckt sich auf Sehnen, Muskeln, Gelenke, Herz und Lunge. Erfahrungsgemäß werden Muskeln in vier Wochen fit, Sehnen hingegen brauchen bis zu einem halben Jahr.

Wie ein trainiertes Pferd aussehen soll, beschreibt Wrangel in seinem »Buch vom Pferde« kurz und prägnant:

»Die Aufgabe des Trainings besteht in der Hauptsache darin, die bei dem angestrebten Zweck vornehmlich in Anspruch genommenen Muskeln zu entwickeln und an die ihnen zugedachte spezielle Arbeit zu gewöhnen, durch zweckdienliche Übungen, Fütterung und Wartung förderlich auf den Gesundheitszustand des ganzen Organismus einzuwirken, dafür zu sorgen, daß die Atmungsorgane instand gesetzt werden, die Kraftanstrengungen des Organismus zu unterstützen, und schließlich zu verhindern, daß das betreffende Pferd zu viel Fett ansetzt, wodurch erreicht wird, daß das Tier kein überflüssiges Gewicht zu tragen bekommt und die erforderliche Muskeltätigkeit ungehindert vor sich gehen kann. Die anstrengende Bewegung im Freien reinigt das Blut, indem sie die Tätigkeit der Lunge und dadurch auch die Zufuhr von Sauerstoff sowie die Ausscheidung von Kohlenstoff beschleunigt. Gleichzeitig aber stärkt sie die Tätigkeit des Herzens und der Lunge . . . Bei außergewöhnlichen Anstrengungen hat der Appetit des Pferdes den einzigen Maßstab für die Bemessung der Futter- und Wasserration anzugeben. Das Tier wird dann . . . schon instinktiv für die rechten quantitativen Verhältnisse der von ihm aufzunehmenden Futtermengen sorgen. Glänzendes Haar, klarer, ruhiger Blick, geringer wäßriger und leicht trocknender Schweiß, normale Beschaffenheit der Exkremente, kühle Beine und Füße, harte, stark hervortretende Muskeln, ein stahlharter Kamm, eine geschmeidig anliegende Haut und freier Atem sind die hauptsächlichen Anzeichen, die auf Kondition beim Pferde deuten . . .« (Wrangel, Band 2, S. 322)

Erfahrungsgemäß ist es am besten, immer – egal zu welcher Jahreszeit – ein regelmäßig gerittenes Pferd zu haben. Hat man es nämlich während der schlechten Jahreszeit nur auf der Koppel oder gar im engen, dunklen Stall herumstehen, so reichen vier oder acht

Wochen Vorbereitung vor einem längeren Ritt kaum aus, um das Pferd in eine brauchbare Kondition zu bringen. Die britische Armee stellte fest, daß ein ganzes Vierteljahr Training notwendig ist, um ein Weidepferd für gewöhnliche Arbeit fit zu machen, und weitere vier Wochen, um es truppendiensttauglich zu machen (TYLDEN, S. 33). Reitet man sein Pferd hingegen täglich ein oder zwei Stunden, so ist immer eine gewisse Grundkondition vorhanden, worauf das Training aufbauen kann. Das gilt auch für Springpferde, Vielseitigkeitspferde oder Jagdpferde. Gegen zwischenzeitlichen Weidegang ist natürlich nichts einzuwenden. Ideal finde ich persönlich einen kleinen Paddock vor dem Stall, den das Pferd jederzeit aufsuchen kann. Grünfutter kann man abmähen und im Stall verfüttern, so daß man genaue Kontrolle über den Futterverbrauch hat.

Angenommen, das Pferd wird täglich regelmäßig bewegt, so besteht die Rittvorbereitung in zwei- oder dreistündigen Übungsmärschen im Gelände. Das Wochenende ist für längere Ritte zu verwenden. Eventuell läßt sich auch das Training auf den Vor- und Nachmittag verteilen. Bei der ehemaligen deutschen Kavallerie sah das Training für große Märsche so aus:

»Größere Marschleistungen können ohne Schaden nur nach vorherigen Marschübungen von drei bis vier Wochen Dauer geleistet werden. Das Wesen der Vorübungen besteht in täglicher, zwei- bis dreistündiger Marscharbeit im Freien, vornehmlich auf harten Straßen. Allmählich wird die Marschgeschwindigkeit auf siebeneinhalb bis zehn Stundenkilometer je nach dem Zweck, der verfolgt wird, gesteigert. Der wöchentlich einzulegende Übungsmarsch soll in der ersten Woche 30 Kilometer betragen, in jeder folgenden Woche um etwa zehn Kilometer auf höchtens 75 Kilometer gesteigert werden. Bei diesen Tagesleistungen ist in der Ebene ein Tempo von siebeneinhalb Stundenkilometern einschließlich kleiner Rasten einzuhalten. Die Marschvorübungen bezwecken nicht nur die Leistungssteigerung des Pferdes, sondern auch die Steigerung der Ausdauer des Reiters im Reiten und Führen sowie eine Ausbildung in der Pferdewartung während des Marsches, auf Rasten und nach dem Einrücken.« (HDV 12, S. 122)

Allerdings geht die Heeresdienstvorschrift von einem sowieso schon regelmäßig gerittenen Pferd aus. Wer seine Pferde jedoch im Winter auf der Koppel gehalten hat, muß praktisch mit dem Training bei Null anfangen. Eventuell ist es notwendig, die Pferde vor Beginn des Trainings abzuspecken, zu scheren und einzudecken oder die Weidezeit zu reduzieren (Heubauch!). Gut für ein Weidepferd ist die Methode der englischen Jagdreiter, die diese zum Vorbereiten auf die Jagdsaison anwenden. Ihre Pferde stehen den Sommer über auf der Weide und werden erst im Herbst- und Winterhalbjahr eingesetzt. Der von ihnen angewandte Trainings- und Fütterungsplan (s. Seite 24) lehnt sich an CODRINGTON an.

Selbstverständlich sind die Trainingsanforderungen nicht stur nach diesem Schema zu steigern, sondern es muß auf die Leistungsfähigkeit des jeweiligen Pferdes eingegangen werden. Gerät das Pferd zum Beispiel beim Galopp oder beim Klettern stark ins Schnaufen oder wird es gar im Schritt unsicher, stolpert oder taumelt es, so ist sofort abzusitzen und die Anforderungen des Trainings sind zu reduzieren. Eine regelmäßige Kontrolle der Sehnen hilft, Schäden früh zu erkennen; Wärme,

Trainings- und Fütterungsplan (nach Codrington)

Tag	Futter				Arbeit
	Mash	Heu (kg)	Hafer (kg)	Kleie (kg)	
1–4	2mal	10	–	–	–
5	2mal	10	–	–	– Wurmkur!
6–9	1–2mal	10–12	–	–	–
10–15	–	12	3	2	½–¾ Stunde Schritt
16–21	–	15	6	2	1½ Stunden Schritt, Trab
22–28	–	15	10	1	2 Stunden Schritt, Trab, Galopp

Schwellung und Schmerzhaftigkeit sind Anzeichen für deren Überlastung. Kühlung und Schonung sind bei leichten Fällen ausreichend; lahmt das Pferd aber schon im Schritt, so ist der Tierarzt zu rufen.

Das im obigen Trainingsplan erwähnte *Mash* läßt sich nach verschiedenen Rezepten zubereiten. Eines der einfachsten ist das folgende: Man füllt einen 10-Liter-Eimer zu etwa zwei Drittel mit Weizenkleie, gießt kochendes Wasser darüber, rührt um, deckt den Eimer mit einem Sack oder dergleichen zu und läßt anschließend das Ganze stehen, bis es kalt genug zum Verfüttern ist. Je nach Lust und Laune kann man noch Salz, gekochten Leinsamen (eventuell in der Kaffeemühle mahlen), Melasse, Quetschhafer oder Gerstenschrot hineinrühren. Mash wird leicht verdaut und regt die Darmtätigkeit der Pferde an. Deshalb ist es recht empfehlenswert, Mash einmal pro Woche, nach größeren Anstrengungen und auch vor Ruhetagen zu füttern. Die englischen Jagdreiter machen das schon seit ewigen Zeiten so. (Siehe hierzu auch die Seiten 116 und 117.)

Der folgende Trainingsplan hat den großen Nachteil, daß er nur von wenigen Reitern in die Praxis umgesetzt werden kann. Nur wer Zeit hat, kann nach diesem Schema trainieren. Lediglich am Wochenende kann der Berufstätige die nötige Zeit abzwacken, die er für ein auf den Vormittag und Nachmittag aufgeteiltes Training braucht. Der große Vorteil dieser Methode liegt darin, daß sich das Pferd zwischen Vor- und Nachmittagstraining voll erholen und so in kürzerer Zeit das Trainingsziel erreicht werden kann. Natürlich verkürzt sich die tatsächliche Übungszeit nicht, sondern nur der bis zum Endziel verstrichene Zeitraum ist kürzer. Gefährlich erscheint mir bei dieser Methode, daß gewiß die Muskeln (auch Herz und Lunge würde ich dazuzählen) zwischenzeitlich voll regeneriert werden, aber inwieweit dies auch für die Sehnen, Gelenke, Bänder und Knorpel zutrifft, bleibe dahingestellt. Denkbar ist auf jeden Fall die *Kombination* von *täglich einmaligem Training unter der Woche* und *geteiltem Training am Wochenende,* wobei eventuell der Vormittag dem Marschtraining, der Nachmittag der Dressurarbeit vorbehalten bleiben könnte. Der Plan von Westbrook sieht folgendermaßen aus:

Trainingsplan (nach WESTBROOK)

1.– 3. Tag	Zweimal täglich ½ Stunde Schritt und Trab
4.– 7. Tag	Zweimal täglich 1 Stunde Schritt und Trab: ca. 8–11 km
7.–14. Tag	Zweimal täglich 1 Stunde mit Klettern
14.–21. Tag	Zweimal täglich 1½ Stunden: insgesamt 19 km oder mehr mit wechselnden Gangarten
Mitte und Ende der 4. Woche	Jeweils ein Ritt von 40 km
5. Woche	Drei Ritte über je 40 km schwieriges Gelände (an den Tagen nach den langen Ritten jeweils zweimal 2 Stunden lang reiten)
6. Woche	Ruhewoche mit zweimal täglich 1 Stunde Bewegung

Ich persönlich beginne jedes Training mit Schrittarbeit, die langsam gesteigert wird. Je nachdem, wie schnell das Pferd fit wird, werden Steigungen und Kletterstrecken eingelegt. Ist der Schritt perfekt, so beginnt die Trabarbeit, ebenfalls zuerst mit kurzen Strecken in der Ebene, dann mit Steigungen, die zuletzt immer steiler werden. Galopps werden, wenn überhaupt, gegen Ende des Trainings eingelegt und ebenfalls gesteigert. Wichtig ist daneben das Training mit vollem Gepäck, da das Pferd sich daran erst gewöhnen muß. Auch hier werden die Anforderungen langsam gesteigert. Die Ritte mit voller Packlast dienen gleichzeitig der Kontrolle der Ausrüstungsgegenstände auf deren Haltbarkeit und Zweckmäßigkeit. Ebenso muß der Umgang mit der Ausrüstung geübt werden. Aufzupassen ist während des gesamten Trainings, ob etwa die Polsterung des Sattels sich setzt oder das Pferd während des Trainings abnimmt. Ist dies der Fall, so muß der Sattel umgehend aufgepolstert werden, da sonst Satteldruck mit mehr oder weniger langem Ausfall des Pferdes die unvermeidbare Folge ist.

Die vorgestellten Trainingspläne sind als reine Anregungen für das eigene Training gedacht. Abwandlungen müssen je nach den örtlichen Gegebenheiten vorgenommen werden. Auch die Fütterung hat individuell zu erfolgen: Wird das Pferd zu heftig, sollte der Hafer reduziert werden, andernfalls ist die Ration zu erhöhen. Bei einem voll arbeitenden Pferd ist der Appetit das einzige Maß für die Menge, die das Pferd benötigt. Je größer die Menge, auf um so mehr Mahlzeiten sollte das Futter verteilt sein. Fünf Pfund Hafer oder Pferdekorn pro Mahlzeit sollten das absolute Maximum darstellen. Je kleiner die Mahlzeiten und je öfter man füttert, desto besser wird das Futter verwertet. Gut durchgehaferte Pferde fressen auch große Portionen in Etappen, was bis zu 2 oder 3 Stunden dauern kann.

Noch einmal sei gesagt, daß ein Minimum von vier Wochen Vorbereitungszeit nicht zu umgehen ist. Beschränkt man sich bei seinen Wanderritten aber auf kurze Reitzeiten mit langsamem Tempo und verzichtet man auf die Mitnahme von Gepäck, so kann man unter Umständen auch mit weniger auskommen. Die Tagesetappen liegen dann unter 30 Kilometer.

Schlechtes Wetter sollte einen nur in den seltensten Fällen vom Reiten abhalten können, da Regen, Schnee und Eis den Pferden bei entsprechendem Beschlag und richtiger Abwartung recht wenig ausmachen.
Ein Wort auch zum mancherorts empfohlenen Anlegen einer festen Trainingsstrecke: Diese ist 10 oder 20 Kilometer lang und beispielsweise alle Kilometer markiert. Auf dieser Strecke kann man genaues Temporeiten üben wie auch anhand der Puls- und Atmungswerte den Konditionsstand des Pferdes überprüfen. Dies ist wichtig bei der Vorbereitung von Distanzritten, bei denen es auf genaues Temporeiten ankommt. Für das Wanderreiten ist die Tempofrage von geringerer Bedeutung.

Einleuchtend dürfte sein, daß das Pferd in dem Gelände trainiert wird, in dem es später marschieren soll. Kommt zum Beispiel das Pferd aus dem Flachland ins Gebirge, so muß es sich nicht nur an die dünnere Luft, das steilere Gelände oder an anderen Boden gewöhnen, sondern eventuell auch an anderes Futter. Auch das Klima ist ganz anders. Gleich halten kann man die Beschaffenheit des Futters, wenn es sich nur um einen kurzen Ritt handelt. Fertigfuttermittel sind weitgehend standardisiert, besonders wenn sie vom selben Hersteller stammen. Bei längeren Ritten müssen die Anforderungen in den ersten Tagen niedrig gehalten werden, bis sich Pferd und Reiter weitgehend akklimatisiert haben.

Handpferd und Packpferd

Mancherorts wird empfohlen, auf Wanderritten ein *Handpferd* mitzuführen. Dagegen sprechen aber die verschiedensten Gründe: Zum einen verlangsamt sich das Reittempo durch das Handpferd, zum anderen wird das Unfallrisiko größer, da man ja pro Pferd nur eine Hand zur Verfügung hat – auch dann, wenn eines der Pferde scheuen sollte! Das Argument, notfalls könne man durch das mitgeführte Handpferd ein lahmendes Pferd ersetzen, ist wenig stichhaltig, da man nach dem Pferdewechsel das lahme Pferd immer noch bei sich hat. Im Falle von Lahmheit wäre es dann wohl doch besser, sich von zu Hause ein voll trainiertes Reservepferd bringen und das lahme Pferd mit dem Hänger heimschaffen zu lassen. Nicht zu vergessen ist auch, daß das Handpferd genauso trainiert werden muß wie jedes andere Pferd, das mit auf den Ritt soll.

Etwas anders liegt die Sache beim *Packpferd.* Ist man zu dem Schluß gekommen, daß der Ritt ohne Packpferd nicht unternommen werden kann, so muß man sich darüber im klaren sein, daß das Marschtempo sich dadurch wesentlich verringert. Weiterhin ist zu bedenken, daß ein Pferd mehr zu putzen, zu beladen, zu füttern und letztlich auch zu trainieren ist. Klar sollte sein, daß das Packpferd auf seine Aufgabe, eine tote Last zu befördern, ganz gezielt vorbereitet werden muß. Das bedeutet, daß das Pferd das volle Training der anderen Pferde mitzumachen hat, *aber mit Packlast.* Wer einmal ein Pferd ganz be- und wieder abgeladen hat, der weiß, wieviel Zeit schon allein das beim Training kostet.

Nicht zu vergessen ist, daß man sein eigenes Pferd in jeder Situation mit einer Hand voll beherrschen muß, da das Packpferd von seinem Führer außerordentlich viel Aufmerksamkeit verlangt. Das kann auf Dauer gesehen äußerst ermüdend sein.

Vor dem Ritt ist zu üben, wie man das Packpferd auf die rechte Seite seines eigenen Pferdes schafft, wie man mit allen Zügeln in der linken Hand aufsitzt und wie man die Zügel des eigenen Pferdes in der linken Hand und die des Packpferdes in der rechten führt. Vorsicht ist geboten, wenn man bei schnelleren Tempi merkt, daß die beiden Pferde immer schneller werden und gar versuchen, durchzugehen, oder wenn sie miteinander zu streiten anfangen. Ebenso übel ist es, wenn das Packpferd beschließt, stehenzubleiben und dabei den Reiter aus dem Sattel zieht.

Wanderreiter mit Packpferd.

Das Packpferd hat zu lernen, sowohl neben wie auch hinter dem Führpferd zu gehen. Letzteres ist besonders wichtig, da man jederzeit in einen Engpaß geraten kann. Hat das Pferd nicht gelernt, hinterherzulaufen, oder bekommt das Führpferd Platzangst und keilt aus, so macht das wenig Freude. Das alles muß geübt werden. Zum Trost sei erwähnt, daß bei der Kavallerie verlangt wurde, drei Handpferde selbst im Galopp mitzuführen. Auch war es vor der Jahrhundertwende Sitte, daß jeder Offiziersbursche ein Handpferd mitzuführen hatte. Man kann das Reiten mit Handpferd also lernen!

Positiv ist, daß man durch das Mitführen eines Packpferdes in Gegenden gelangt, die so abgelegen sind, daß kaum jemand dort hinkommt, kann man doch Pferdefutter und sonstige Ausrüstungsgegenstände leicht mitnehmen. Dies wird in Mitteleuropa aber nur äußerst selten der Fall sein. Dennoch mag es für manche Unternehmungen von Vorteil sein, weitere Reservekleidung, ein großes Zelt, Schlafsäcke und dergleichen mehr ohne Troßfahrzeug transportieren zu können. Dabei darf man aber keinesfalls der Versuchung erliegen, unnützen Kram mitzuschleppen.

Zur Ausrüstung des Packpferdes: Das Packpferd wird wie die anderen Pferde mit Marschhalfter und Trensenzaum versehen. Als Führzügel sind normale Gurtenzügel gut geeignet. Alternativ läßt sich ein Longierzwischenstück in die Trensenringe einschnallen und ein Führzügel verwenden.

Packsättel aus Militärbeständen sind normalerweise weniger fürs Wanderreiten geeignet; zum einen sind sie schlecht zu bekommen, zum anderen in den meisten Fällen zu schwer, da sie in erster Linie für sehr große Lasten gedacht waren. Für den Transport wirklich schwerer Lasten sind sie äußerst stabil gebaut, denn sie sind serienmäßig mit Vorder- und Hinterzeug ausgerüstet und mit einem oder zwei Obergurten zur Sicherung der Ladung versehen. Eine wasserdichte Plane gehört ebenfalls zum Zubehör. Verwiesen sei hier unter anderem auf Tylden, der die Entwicklung der englischen Packsättel ausführlich beschreibt. Dessen Darstellung kann auch als Ideenlieferant für Eigenbauten dienen.

Im normalen Reitsportgeschäft sind Packsättel nur selten erhältlich. Einige der größeren Westernreitsportausrüster hingegen führen Packsättel in ihrem Lieferprogramm. Jedoch ist deren Preis so hoch, daß sich die Anschaffung für gelegentliche Urlaubsritte kaum lohnt.

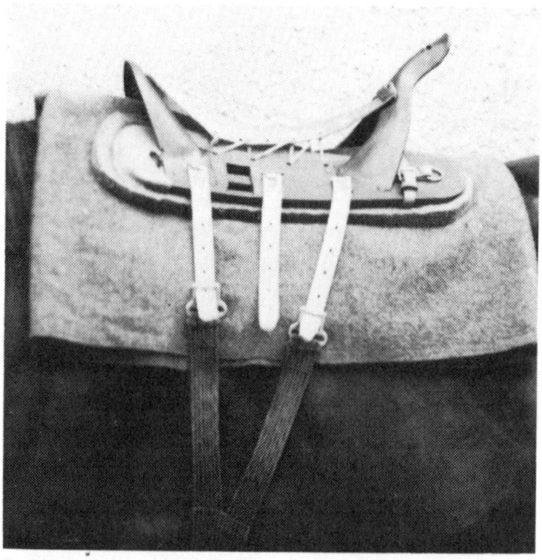

Packsattel auf der Basis eines alten ungarischen Bocksattels. Der Sattelgurt ist an den zwei äußersten Strupfen befestigt, so daß der Sattel sehr ruhig auf dem Pferd liegt.

Für den Westernsattel gibt es übrigens spezielle Packtaschen, die über den Sitz gehängt werden und ihn so in einen brauchbaren Packsattel verwandeln. Eigenbau ist ebenso möglich, wie im folgenden für den Militärsattel beschrieben:

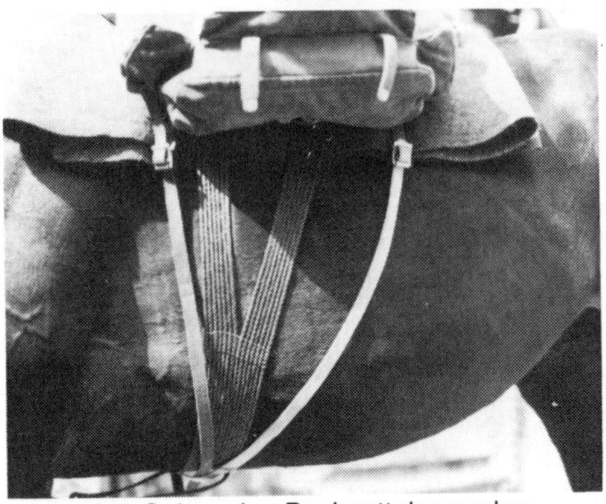

An beiden Seiten des Packsattels werden. Bundeswehrrucksäcke befestigt (oben). Beim Packen darauf achten, daß nur weiche Gegenstände auf dem Pferd zu liegen kommen! Zwei Gurtenbänder führen von der vorderen zur hinteren unteren Ecke der Rucksäcke (unten), damit diese ruhig liegen. Sie kreuzen sich über dem Sattelgurt und führen durch die Schlaufe des Vorderzeuges.

Man nimmt einen alten Sattel, dessen Polsterung und Sattelbaum aber noch in Ordnung sein müssen. Dieser Sattel wird mit Vorderzeug und Schweifriemen (oder Hinterzeug, d. h. Umgang und Schwebriemen) versehen, so daß er bergauf wie bergab in jedem Fall seine Lage behält. Nun verbindet man zwei alte Nato-Packtaschen (eventuell auch Tornister, Rucksäcke etc.) miteinander und hängt sie so über den Sitz des Sattels. Die Taschen werden vorn und hinten am Sattel angeschnallt. Ein Bauchgurt schadet nie, da er ein »Flappen«

Am Mantelsackträger kann ein Leichtgewichtszelt angeschnallt werden.

Zwei Schlafsäcke werden im wasserdichten Packsack oben aufgeschnallt.

Das fertig bepackte Pferd. Bei schnellerem Tempo und Hügelland ist die Ladung durch einen rundum laufenden Gurt zusätzlich zu befestigen. Gegen Regen kann eine Plane über alles geschnallt werden.

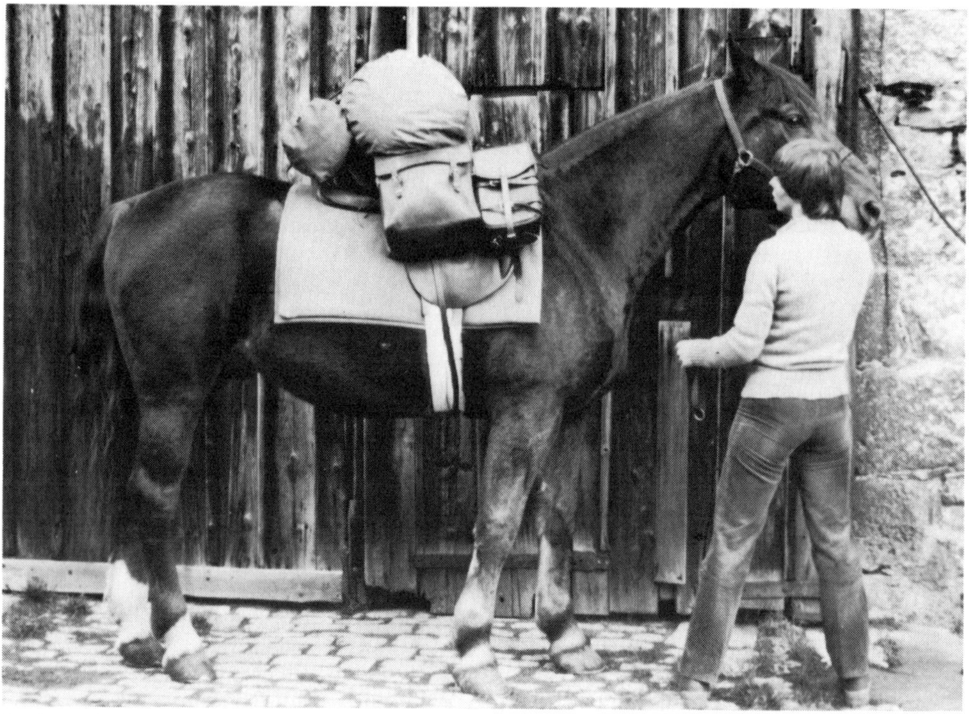

Packpferd mit Bocksattel. Aufgeschnallt sind hier Militär- und Eigenbaupacktaschen, Vorderpacktaschen, Mantelsack und Schlafsack. Bei Bedarf: Obergurt und Plane (S. 29).

der Taschen verhindert. Besitzt man die Vorderpacktaschen zum Bocksattel, so kann man diese selbstverständlich vorn anschnallen, desgleichen Hinterpacktaschen (auch mit Bauchgurt). Der Mantelsack kann ebenfalls am Mantelsackträger aufgeschnallt werden. Oberhalb der Nato-Packtaschen können eventuell noch Schlafsäcke und Zelt befestigt werden. Um die ganze Last herum kommt noch ein Obergurt (oder sogar zwei), der die Last unverrückbar festhält. Als Regenschutz sollte man sich entweder eine passende Plane zurechtschneiden oder aber einen Poncho verwenden. Billiger läßt sich ein Packsattel kaum beschaffen!

Unter allen Umständen ist darauf zu achten, daß die Ladung sowohl in der Längs- wie auch in der Querachse im Gleichgewicht ist. Sie hat absolut fest mit dem Packsattel verbunden zu sein, kein Teil von ihr darf auf der Wirbelsäule des Pferdes aufliegen, scheuern oder drücken. (Siehe hierzu auch die Abbildung auf Seite 78.)

Auf das Wohlergehen des Packpferdes ist ganz besonderes Augenmerk zu richten, schließlich hat es eine tote Last zu schleppen. Im Gegensatz zum Reiter kann sie weder bei der Bewegung mitgehen, noch leichttraben, noch beim Klettern absitzen. Auch wenn das Packpferd die Möglichkeit bietet, viele nützliche und wichtige Dinge mitzuführen, so muß man sich doch hüten, das Pferd mit unnützem Material zu beladen. Nur wer leicht reist, reist schnell! Das absolute Maximum der Last für das Packpferd sollte bei zwei Zentnern liegen. Mehr ist entschieden zu viel und macht den Ritt für das Pferd zur Tortur.

Das bespannte Begleitfahrzeug

Ist eine größere Gruppe unterwegs, so kann sie sich das Futter für die Pferde und das Gepäck zum Quartiersort vorausfahren lassen. Ebenso können aber auch die Nichtreiter auf diese Weise die Wanderreitgruppe begleiten. Nötig ist dazu ein Freiwilliger, der mit Pferden fahren kann (Fahrerabzeichen sollte vorhanden sein!), zwei geeignete, eingefahrene Pferde und ein zuverlässiges Fahrzeug. Natürlich ist ein pferdegezogener Wagen als Troßfahrzeug viel stilechter als ein Personenkraftwagen, jedoch verlangt sein Einsatz einiges an Erfahrung wie auch an Planung.
Jeder der Treffpunkte von Wagen und Reitergruppe muß vorher genau festgelegt werden. Dies gilt für die Mittagsrast ebenso wie für den Quartiersort. Da das Pferdefuhrwerk weitgehend auf mehr oder weniger befestigte Wege und Straßen angewiesen ist, kann man damit fast nur öffentliche Straßen oder Flurbereinigungswege benutzen. Weiche, ebene, grasbewachsene Feld- und Waldwege findet man leider immer seltener oder nur in ganz bestimmten Gegenden Deutschlands. Bundesstraßen und Ortschaften wird man sowieso zu meiden versuchen, trotzdem aber machen die harten Wege den Sehnen und Knochen der Pferde stark zu schaffen. Eventuell kann es angeraten sein, die Pferde mit stoßdämpfenden Einlagen beschlagen zu lassen.
Die von den Reitern benutzten Wege sind für das Fuhrwerk oft zu eng, zu steil, zu ausgefahren, zu matschig oder sonstwie nicht zu gebrauchen. Da die Pferde mit dem Wagen obendrein nicht so schnell vorankommen wie die Reitpferde, wird das Begleitfahrzeug in der Regel den kürzesten und geradesten Weg von Treffpunkt zu Treffpunkt wählen; die Reiter hingegen werden eventuell im Bogen reiten und sich die abwechlungsreichsten und interessantesten Routen aussuchen.
Stehen mehrere Fahrkundige zur Verfügung, so können Fahrer und Beifahrer von Zeit zu Zeit ihre Plätze wechseln. Allein zu fahren ist nicht anzuraten, denn es können auch Situationen eintreten, in denen die Anwesenheit eines zweiten Mannes wichtig ist. Außerdem hat man mehr Unterhaltung, wenn man zu zweit fährt. Doch nun zur Ausstattung des Wagens:
Auf unseren harten Straßen ist ein *gummibereifter Wagen* gegenüber einem Fahrzeug mit Eisenreifen immer im Vorteil. Zum einen bewegt man sich mit ihm geräuschlos vorwärts, wogegen Eisenreifen auf geteerten Wegen laut klappern. Zum anderen funktionieren beim Bergabfahren die Bremsen bei ihm wesentlich besser, wodurch die Aufhaltearbeit für die Pferde wesentlich reduziert wird. Wer schon einmal mit voll zugedrehter Bremse und trotzdem rutschenden Hinterrädern steil bergab gefahren ist, der weiß, welche Leistung die Pferde dabei zu vollbringen haben. Außerdem sind nur wenige Pferde an ein Schieben durch den Wagen gewöhnt und gehen eventuell durch, was zu einer Katastrophe führen kann. Fährt man trotzdem mit einem eisenbereiften Wagen, so schlägt man vor Steilabfahrten eiserne Hemmschuhe unter die Hinterräder oder steckt ersatzweise einen starken Ast quer durch die Speichen der Hinterräder.
Trotz aller Nachteile schaut der eisenbereifte Wagen zünftiger und stilechter

Als Troßfahrzeug wurde hier ein Brückenwagen mit Aufbau hergerichtet.

aus als jeder Gummiwagen, auch wenn letzterer weniger Wartung erfordert. Eventuell kann man die Eisenreifen mit Gummi belegen lassen, was zwar teuer kommt, dafür aber Gebrauchsfähigkeit und Verkehrssicherheit des Wagens wesentlich erhöht.

Das Fahrzeug muß über eine gute *Federung* verfügen. Alte Leiterwagen scheiden also von vornherein aus, da sie darüber hinaus nicht genügend geländegängig sind. Gut brauchbar sind sogenannte Brückenwagen, wie sie in manchen Gegenden zum Obsttransport verwendet wurden. Diese Wagen haben eine Federung wie eine Kutsche, kippen nicht allzuleicht um, sind recht geländegängig und relativ leicht. Der Umbau solcher Wagen ist ziemlich einfach auszuführen, da sie nur noch mit einer Bordwand und einem Gestell für die Plane zu versehen sind: Auf die Ladefläche kommt ein circa 40 Zentimer hoher Rahmen aus zwei Zentimeter starkem Holz, dessen Ecken zusätzlich mit Blechwinkeln zusammengehalten werden. Zu seiner Befestigung auf der Ladefläche werden sechs Eisenwinkel (vier an den Ecken, zwei in der Mitte der Längswände) aufgeschraubt, so daß der Rahmen jederzeit abgenommen werden kann. Am Rahmen werden drei oder vier Spriegel aus Holz, Eisenrohr oder Flacheisen angebracht und das Ganze mit einer Plane überzogen. Als Plane kann man eine ausrangierte Lkw-Plane (von einem Fuhrunternehmen, einer Autosattlerei oder aus Militärbeständen) hernehmen, die fast nichts kostet. Bei der Verwendung von Holzspriegeln kann die Plane an den Kanten eventuell doppelt genommen und mit kurzen Dachpappen oder Polsternägeln angenagelt werden. Als Verschluß für die

Plane dient entweder ein Druckknopfverschluß oder ein langer, möglichst massiver Reißverschluß.
Der Platz auf der Ladefläche des Wagens reicht als Schlafraum für zwei bis drei Personen völlig aus. Bei Bedarf können die Pferde an der Längs- oder Rückseite des Wagens angebunden werden; besser aber ist es, die Tiere etwas entfernt vom Wagen anzubinden, da man so ungestörter schlafen kann.
Zum Füttern der Pferde kann man sich eine lange *Futterkiste* bauen, die am Wagen angehängt wird. Hat man keine solche Futterkiste, so hängt man den Pferden einfach einen Hafersack um.
Bei jedem Halt muß immer die Bremse zugedreht und das Fahrzeug zusätzlich mit Bremsklötzen gesichert werden. *Die Bremsklötze kommen immer unter die Hinterräder!*
Vor Antritt jeder Fahrt muß die *Bereifung* des Fahrzeuges auf ihren ordnungsgemäßen Zustand hin kontrolliert worden sein. Wenn nötig, sind die Räder vorher zum Wagner oder zum Schmied zur Reparatur zu bringen. Ausgetrocknete Holzräder, die lange trokken standen, müssen gewässert werden. Mit lockeren Speichen, aufgesprungenen Felgen oder gar gebrochenen Speichen bzw. losen Radreifen loszufahren, ist leichtsinnig. Sinngemäß gilt für den gummibereiften Wagen, daß seine Reifen genügend Profil aufzuweisen haben und der Gummi nicht etwa porös ist. Ein Reserverad ist beim Gummiwagen kein Luxus!
Funktionierende *Bremsen* am Wagen sind ein Muß! Schlechte Bremsen sind lebensgefährlich.
Das regelmäßige *Schmieren der Achsen* mit Fett (bzw. Öl) *und des Drehkranzes* des Wagens mit Schmierseife erleichtert den Pferden ihre Arbeit ungemein. Nicht umsonst heißt die alte Fuhrmannsregel: Wer gut schmiert, der gut fährt! Ausführliche Hinweise bezüglich der Wagenpflege finden sich in WRANGELS »Buch vom Pferde« (Band 1, S. 655–672), desgleichen in der HDV 465/3 und 465/5.
Weiterhin nicht zu vergessen ist eine ordnungsgemäße *Beleuchtung* des Fahrzeuges gemäß der Straßenverkehrsordnung (s. auch Seite 122). Hier geht es nicht nur um die Erfüllung des Gesetzes, sondern vielmehr in allererster Linie um die eigene Sicherheit, falls man wider Erwarten in die Dunkelheit hineingerät. Rückstrahler, Petroleumlampe und Streichhölzer gehören zur Minimalausrüstung eines Fuhrwerkes. Die Vorschrift verlangt nach vorne blendfreies weißes und nach hinten rotes Licht. Perfektionisten haben ihre Fahrzeuge schon mit elektrischer Beleuchtung (Autobatterie!) und Blinker versehen. Allerdings sollte man selbst bei einer solchen Ausstattung sicherheitshalber eine Petroleum- oder Kerzenleuchte dabeihaben, falls die Batterie doch einmal streikt.
An allernötigstem *Werkzeug* wäre aufzuzählen: Beil, Spaten, Bindestränge, Seil, Draht, Radschlüssel, Zange, Hammer, Fettbüchse und Putzlappen. Mit dieser Minimalausrüstung kann man mit etwas Geschick praktisch jede unterwegs anfallende Reparatur zur Not selbst ausführen, so daß sie hält, bis man den nächsten Fachmann erreicht. An sich ist zu erwarten, daß, falls das Fahrzeug gut in Schuß gehalten wird, kaum Reparaturen nötig werden. Ein gut aufbewahrter Wagen, der regelmäßig gesäubert, gestrichen, geschmiert und sachgemäß gebraucht wird, hält fast ewig!
Dasselbe gilt auch für das *Lederzeug:* Mit brüchigem, altem Geschirr, das »für die paar Tage schon noch hält«, fährt man nicht; ein Unfall wäre schon vorprogrammiert. Ist das Lederzeug gut

geölt, sauber und gepflegt, läßt es einen nicht im Stich. Trotzdem aber kann es nie schaden, ein paar Reserveriemen und Nähzeug dabeizuhaben.
Als *Geschirr* wird man im Flachland das Brustblattgeschirr – eventuell mit Hinterzeug (Umgang und Schwebriemen) – und im Gebirge das Kummet wählen. Bei einer Neuanschaffung würde ich persönlich dem Brustblattgeschirr den Vorzug geben, da dieses sich fast jedem Pferd anpassen läßt. Schwere Lasten, die den Einsatz des Kummet erforderlich machen, fahren wir ja in der Regel sowieso nicht. Gut geeignet ist für unsere Zwecke auch das Sielengeschirr Nr. 25 des ehemaligen deutschen Heeres. Dieses Geschirr paßt praktisch jedem Pferd, vom Kleinpferd bis zum Belgier! Voraussetzung ist selbstverständlich, daß das Leder gut erhalten und nicht brüchig ist. Normalerweise wird man sich für dieses Geschirr andere Stränge anfertigen lassen müssen, um es in Verbindung mit zivilen Fahrzeugen verwenden zu können. Die Originalzugstränge des Geschirrs mit den Haken lassen sich nämlich nicht in normale Waagscheite einhängen.

Es bedarf wohl keiner besonderen Erwähnung, daß Fahrpferde genauso wie die Reit- und Tragpferde für jede längere Fahrt trainiert werden müssen. Auf der Fahrt muß mit den Pferdekräften unbedingt hausgehalten werden. Unter Umständen heißt das, daß man bergauf oder bergab die Insassen des Fahrzeuges zu Fuß laufen läßt! Besonderes Augenmerk ist in den Marschpausen dem ordnungsgemäßen Sitz des Geschirres zu widmen. Sauberkeit der Geschirrlage ist wichtig, da Geschirrdruck die Pferde arbeitsunfähig macht. Ein Auswaschen der Geschirrlage mit kaltem Wasser härtet die Pferde ab. Anschließend dürfen die Pferde aber keiner Zugluft ausgesetzt werden.

Hufbeschlag

Ein Wanderritt und auch die Trainingszeit stellen an den Hufbeschlag wesentlich größere Anforderungen als der normale Reitbetrieb. Geht man davon aus, daß der Durchschnittsreiter im Monat etwa 30 Stunden im Sattel zubringt und sich dabei vorzugsweise auf weichem Boden oder in der Halle bewegt, so legt er dabei vielleicht 200 oder 300 km zurück. Bei dieser Art der Belastung hält ein normales, glattes Hufeisen ohne weiteres eine oder zwei Beschlagperioden von sechs bis acht Wochen aus, ohne allzusehr abgelaufen zu werden.

Mit einem gut trainierten Pferd schafft man selbst mit Gepäck täglich eine Strecke von etwa 60 km, was sich bei einem Zehntagesritt auf die beachtliche Zahl von 600 zurückgelegten Kilometern summiert. Hierbei trifft man aber nicht nur auf weiche Wald- oder Wiesenböden, sondern reitet auch auf steinigem Grund und harten Teer- und Betonstraßen. Durch die zunehmende Urbanisierung lassen sich größere Asphaltstrekken nur noch in wenigen Gegenden hierzulande umgehen.

Mancherorts ist es aber gottlob immer noch möglich, weit abseits der Straßen zu reiten. Hier verwendet man natürlich ein möglichst *leichtes, dünnes Eisen,* das den Huf schützt, dem Pferd Halt gibt und den Hufmechanismus möglichst wenig behindert. Optimal sind *Stahlprofileisen,* die einen rundum laufenden Falz aufweisen, der guten Gleitschutz gibt. Auf hartem Untergrund ist dieses Eisen aber leider nach einem

Aufgeschweißtes Wandereisen für steiniges Gelände.

Marsch von etwa 200 bis 300 km völlig glatt abgelaufen.

Der am meisten strapazierte Teil des Hufeisens ist der Zehenteil. Wird beim Vorderhufeisen eine *Zehenrichtung* angebracht, das heißt der Zehenteil um etwa 22 Grad nach oben abgebogen, so ermöglicht dies dem Pferd ein leichteres Abrollen des Hufes beim Laufen, und gleichzeitig verringert sich der Abrieb beim Eisen. Jedem wird einleuchten, daß dies die Haltbarkeit des Eisens wesentlich erhöht. Beim Hintereisen ist die Zehenrichtung nicht unbedingt nötig, da der Bewegungsablauf anders als beim Vorderbein ist.

Das Vorderhufeisen bekommt nur einen Zehenaufzug. Das Hintereisen hingegen wird mit zwei seitlichen Aufzügen versehen, um es etwas zurücksetzen zu können und ein Greifen (Verletzen des

Hufeisen mit Ledereinlage: Schutz vor Aufstollen im Winter und vor Verletzungen der Hufsohle im Sommer in extrem steinigem Gelände. Alternative im Winter: Huf-Grips.

Vorderhufes durch den Hinterhuf) zu verhindern.

Früher brachte man nicht nur bei im Schritt arbeitenden Wagen- und Akkerpferden, sondern sogar bei Reitpferden *Griffe* an den Zehenteilen der Eisen an. Sinn der Griffe ist es, schrittgehenden Pferden im schweren Zug ein sichereres Greifen auf glattem Untergrund zu ermöglichen und auch die Haltbarkeit der Hufeisen zu erhöhen. Griffe wurden nur in Verbindung mit Stollen verwendet. Dadurch und auch durch die früher generell zu hohen Stollen verlor der Hufstrahl den Bodenkontakt, der Hufmechanismus konnte nicht mehr arbeiten und es kam häufig zu Hufkrankheiten aller Art. *Griffe verwendet man heute nicht mehr, Stollen nur, wenn sie geländebedingt notwendig werden!*

Eine gute Möglichkeit, die Hufeisen haltbarer zu machen, ist es, mit einer speziellen und extrem harten *Auftrag-Elektrode,* wie sie u. a. zur Reparatur von Baggerschaufeln, Werkzeugen und Wellen verwendet wird (z. B. der Citodur 600), eine oder mehrere Nähte am Zehenteil wie auch an den Schenkelenden aufzutragen. Der Stahl dieser Elektrode ist wesentlich härter als der unserer Hufeisen. Der Vorteil dabei ist, daß das Eisen nur wenig dicker wird, aber wesentlich länger hält.

Eine Verbesserung dieser Methode besteht darin, mit der eben erwähnten Elektrode auf dem Eisen nicht nur am Zehenteil und an den Schenkelenden, sondern auch entlang dem ganzen inneren und äußeren Rand eine »Naht« aufzubringen. Ein solchermaßen behandeltes Eisen ist unmöglich innerhalb einer Beschlagperiode kaputtzubekommen. Von Nachteil ist, daß die Herstellung eines solchen Eisens sehr viel Zeit kostet und die Elektroden ebenfalls recht teuer sind. Obendrein verziehen sich die Eisen beim Abkühlen sehr leicht. Zum Sparen sind diese hier gezeigten Methoden nicht gerade gedacht und nicht geeignet. Der billigste Beschlag ist der mit normalen, glatten Eisen! Hier hingegen geht es darum, die Haltbarkeit der Eisen deshalb zu erhöhen, damit bei längeren Ritten der Schmied nicht alle paar Wochen neue Eisen aufschlagen und den Huf durch neue Nagellöcher schwächen muß.

Der erste Schritt in Richtung des »alten« Beschlages mit Stollen und Griffen besteht im *Aufschweißen flacher Stückchen Eisen.* Man kann zum Beispiel kleine Stückchen Federstahl oder zerschnittene Mistgabelzinken von etwa 2 bis 3 cm Länge vorn in den Falz des Eisens einlegen und anschweißen. Die gleichen Stahlstückchen dienen als Stollen. Durch diese Stahlstückchen erhöht sich das Eisen um etwa 3 bis 6 mm, was recht wenig ist, wenn man bedenkt, daß unsere normalen Schraubstollen schon doppelt so hoch sind.

Alte Zehengriffe, die vor etwa zwanzig bis dreißig Jahren für schwere Pferde benutzt wurden (mit Widia Split oder -Stiftkern, nicht aber die hohen Eisstollen und -griffe), kann man in zwei Teile zersägen und auf die Schenkelenden des Eisens aufschweißen lassen. Diese angeschweißten Stollen halten länger als die modernen Schraubstollen und kommen recht billig. Sie sind auch nicht höher als diese.

Noch besser als die alten Griffe sind moderne, sehr niedrige *Hartkerngriffe,* die man auch komplett – ohne sie vorher zu halbieren – verwenden kann. Diese geben in steinigem Gelände guten Halt. Ihr Nachteil ist der sehr hohe Preis; man sollte sie also wirklich nur dann verwenden, wenn sie unbedingt erforderlich sind.

Der Nachteil aller aufgeschweißten Stollen, genauso wie der der kaum mehr verwendeten Nietstollen, ist, daß sie permanent im Eisen bleiben müssen – egal ob man sie benötigt oder nicht. Sind sie abgelaufen, lassen sie sich nur erneuern, indem das Eisen abgenommen wird. Der Vorteil liegt dafür in deren Unverlierbarkeit!

Steckstollen stellen schon insofern einen Fortschritt gegenüber den aufgeschweißten Stollen dar, als man sie bei Bedarf mit ihrem konisch zulaufenden Zapfen in das Eisen einstecken und mit ein paar Hammerschlägen festschlagen kann. Entfernt werden sie mit einem speziellen Gabelmeißel. Schlägt man einen Stollen fest, besteht aber immer die Gefahr, daß sich dabei der andere lockert. Nach mehrmaligem Entfernen des Stollens weitet sich das Stollenloch im Hufeisen aus, und der Stollen fällt von selbst heraus. Davon abgesehen müßte man immer einen kleinen Hammer und den Gabelmeißel dabeihaben – kurz gesagt, eine unpraktische Angelegenheit!

Heute werden im großen und ganzen nur noch *Schraubstollen* mit Hartkernstift oder auch ohne harten Kern verwendet. Je nach Untergrund kann man scharfe oder stumpfe Stollen einschrauben, abgelaufene oder verlorengegangene Stollen ersetzen oder das Pferd ohne Stollen laufen lassen. Früher wurden täglich die Stollen im Stall entfernt, um Verletzungen mit den damals üblichen, hohen und scharfen Stollen zu vermeiden. Bei den heute verwendeten flachen Stollen ist dies aber nicht mehr nötig.

Selbstreinigende Schraubstollen.

Verliert man unterwegs einen Schraubstollen, so ist das Reinigen des Gewindes im Hufeisen recht schwierig, aber unumgänglich, da sich der neue Stollen sonst nicht eindrehen läßt. Gut geeignet hierfür ist ein Hufnagel. Als Reservestollen sind selbstreinigende Schraubstollen sehr praktisch, die man von seinem Schmied bezieht. Sie haben am Gewindebolzen eine Nut, die den restlichen Schmutz aus dem vorher gut gereinigten Stollenloch aufnimmt.

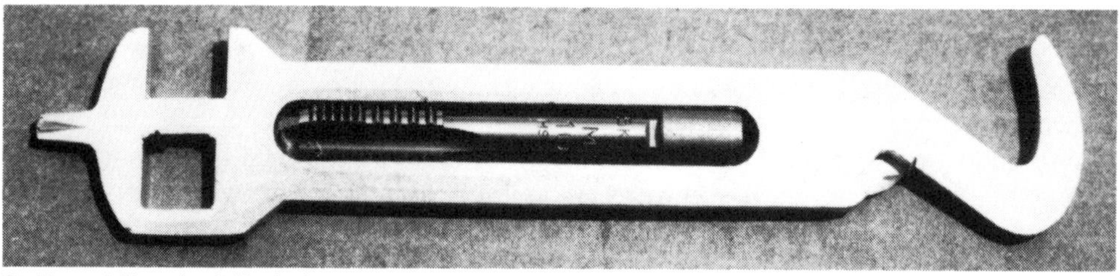

Stollenschlüssel mit Notbohrer.

Den passenden *Stollenschlüssel* muß man auf jeden Fall dabeihaben. Praktisch und billig sind Hufkratzer mit Vierkantloch. Allerdings sollte man darauf achten, daß das Vierkantloch im Hufkratzer wirklich zur Größe der verwendeten Stollen paßt.
Besser sind alte deutsche Armeestollenschlüssel oder auch der Schweizer Armeestollenschlüssel. Das deutsche Modell hat an einem Ende eine Spitze zum Reinigen verschmutzter Stollenlöcher, einen ausklappbaren Gewindebohrer, eine Klaue zum Festhalten des Eisens; mit einem zweiten Schlüssel werden der Stollen und das Maul des eigentlichen Stollenschlüssels eingedreht (Schutz der Gelenke des Pferdes und der Nägel).
Zur Zeit ist im Handel ein Stollenschlüssel aus Stahl erhältlich, der ähnlich gebaut ist und darüber hinaus noch als Hufkratzer verwendet werden kann. Sein Preis beträgt etwa 40 DM. Das ist nicht teuer, wenn man bedenkt, daß ein Gewindebohrer allein schon 15 bis 20 DM kostet. Der Gewindebohrer ist wie beim Armeestollenschlüssel zum Nachschneiden beschädigter Gewinde nach Verlust des Stollens gedacht.

Ein Tip zum Nachschlagen von Hufnägeln in glatt abgelaufenen Eisen auf dem Marsch: Ist der Falz völlig abgelaufen, so nützt es recht wenig, einen neuen Hufnagel nachzuschlagen, da sein Kopf in voller Länge über das Eisen herausragt und leicht wieder abgerissen wird. Günstig ist es, wenn man ein paar alte *Kuhnägel* passender Größe auftreiben kann und mitnimmt (zusätzlich zu den normalen Hufnägeln). Diese Kuhnägel haben nämlich im Gegensatz zu den Hufnägeln einen flachen Kopf. Bis der Kopf des Kuhnagels abgelaufen ist, kann man normalerweise einen Schmied finden und sein Pferd neu beschlagen lassen.

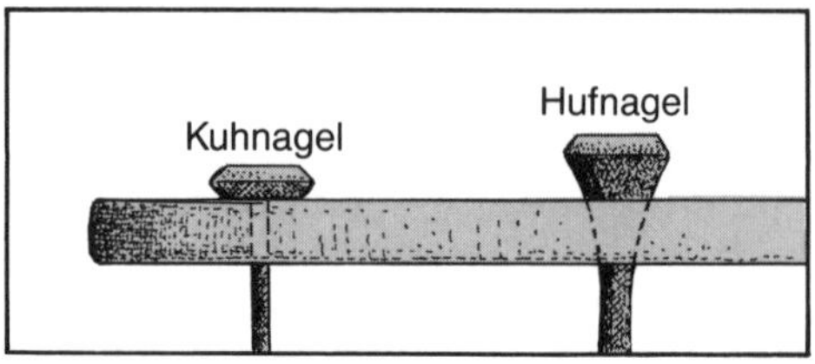

Zwei Reservestollen, 10 bis 20 Hufnägel und eventuell ein paar Kuhnägel, alles gut eingefettet und in Ölpapier verpackt, gehören immer ins Marschgepäck, da diese Dinge unterwegs fast nie aufzutreiben sind.

Ob man *Reserveeisen* dabeihaben soll, muß von Fall zu Fall entschieden werden, da sie doch eine ziemliche Gewichtsbelastung darstellen. Die Kavallerie führte fast immer zwei bis vier Reserveeisen mit, um vom Nachschub unabhängig zu sein. Beim Wanderreiten

besteht die Möglichkeit, ein paar alte, getragene Eisen herrichten zu lassen und diese mitzunehmen. Das spart zum einen Gewicht, zum andern ist das Anpassen dieser Eisen wesentlich leichter als das von neuen. Im Notfall lassen sich diese alten Eisen auch kalt aufschlagen.
Interessehalber möchte ich hier eine Beschreibung der Hufeisen des deutschen Heeres einschieben, die 1942 veröffentlicht wurde:

»Für den Beschlag der Truppenpferde ist das Heereshufeisen 32 im Gebrauch. Es wurde auf Grund der Erfahrungen des Weltkrieges und einer großen Anzahl von Hufmessungen und mehrjährigen Versuchen an den Heereslehrschmieden und bei den Truppenteilen entwickelt und ist an die Stelle des Armeehufeisens C 87 (. . .) getreten. Es wird in 12 Größennummern mit Schraubstollenlöchern am Zehenteil und an den Schenkelenden als Vorderhufeisen und Hinterhufeisen angefertigt . . . Als Werkstoff ist für das Heereshufeisen Siemens – Martin – Flußstahl (Hufeisenqualität) vorgeschrieben . . . Die Breite ist wegen der in der Regel dort stärkeren Abnutzung am Zehenteil am größten und nimmt nach den Schenkelenden hin allmählich ab. Die Maße dafür schwanken je nach der Hufeisengröße zwischen 28 und 40 mm am Zehenteil und zwischen 18 und 28 mm an die Schenkelenden . . .
Die Stärke (Dicke) schwankt zwischen 10 und 15 mm. Diese Maße für die Dikke bedingen im allgemeinen eine genügend lange Tragzeit der Hufeisen. Die kleineren Hufeisengrößen werden dadurch . . . verhältnismäßig schwer . . .« (Bauer: »Handbuch des Hufbeschlags«, S. 85–90.)

In einer anderen Veröffentlichung aus dem gleichen Jahr steht:

Armeehufeisen: Durch die hohen Stollen und Zehengriffe läuft das Pferd wie auf Stelzen. Ohne Stollen ein sehr haltbares Eisen, das gut zum Wandern zu verwenden ist; leider ist es nicht mehr zu bekommen.

»Im Heereshufbeschlag stehen nur stumpfe und H-Stollen in Verwendung mit einem einheitlichen Gewinde von 12 mm Stärke und 10 mm Zapfenlänge. Die Kopfhöhe des stumpfen Stollens beträgt 16 mm; die Stärke im Quadrat 15 mm. Die Ganghöhe des Gewindes ist 2,1 mm, die Gangtiefe 1,25 mm.« (Grossbauer/Habacher: »Der Huf- und Klauenbeschlag«, S. 77).

Trotz des nach heutigen Begriffen zu hohen Gewichts und der an den Vordereisen fehlenden (aber leicht hinzuschmiedenden) Zehenrichtung wären diese Eisen zum Wanderreiten nicht schlecht. Vor allem war das Material wesentlich haltbarer als das der heutigen Hufeisen. Vor einigen Jahren konnte ich zufällig einen kompletten Satz dieser Eisen bekommen und auf dem Pferd testen. Die Eisen wurden dreimal aufgeschlagen, ohne irgendwelche größere Ablauferscheinungen zu zeigen. Die Originalschraubstollen allerdings liefen sich relativ schnell ab – kein Wunder bei einem stumpfen Stollen ohne Hartmetallkern!

Ob man *Beschlagwerkzeug* mitnehmen soll, ist von Fall zu Fall verschieden. Je mehr Pferde in der Gruppe sind, desto höher ist die Wahrscheinlichkeit, daß sich Eisen lockern oder verlorengehen. Bei mehreren Reitern läßt sich das Werkzeug auf verschiedene Pferde verteilen, stellt also nur eine geringe Mehrbelastung dar. Die wichtigsten Werkzeuge wären: Hammer, Zange und Nietklinge. Komplettes Werkzeug läßt sich in einem Begleitfahrzeug ohne weiteres unterbringen. Reserveeisen haben in diesem Fall auch noch Platz, da die Gewichtsfrage keine Rolle mehr spielt. Bringt man aber sein Werkzeug in den Packtaschen unter, so wickelt man es gut ein, am günstigsten erst in einer starken Plastiktüte und dann in dicken Kleidungsstücken. Besser noch ist es, wenn man Lederfutterale verwendet. Ganz klar, daß das Werkzeug weder das Pferd drücken noch die Möglichkeit bestehen darf, daß sich die Beschlagzange durch die Taschen bohrt!

Ist man als Einzelreiter oder zu zweit unterwegs, wird man aus Gewichtsgründen auf sämtliches Werkzeug, abgesehen vom Stollenschlüssel, verzichten. Auf jedem Bauernhof findet man einen kleinen Hammer, eine Beißzange, einen kleinen Meißel und ein Stück Eisen zum Gegenhalten beim Vernieten der Nägel.

Vor dem ersten größeren Ritt läßt man sich von seinem Schmied zeigen, wie man abgerissene Nägel entfernt und neue Nägel nachschlägt. Ebenso sollte man damit vertraut sein, wie man notfalls ein verlorenes Eisen wieder aufnagelt, wenn weit und breit kein Schmied zu finden ist. Sagt man seinem Schmied, wieso man das lernen will, so ist er gewiß so hilfsbereit und läßt das alles auch einmal unter Aufsicht ausprobieren.

Ratsam ist es auch, sich vor dem Ritt eine Liste aller in der Gegend erreichbaren Schmiede zu beschaffen. Dies bedeutet nur wenig Aufwand im Vergleich zur verzweifelten Suche nach einem Schmied, wenn man ihn nötig braucht. Die Liste fällt im Gepäck kaum ins Gewicht. Ist man in relativ heimatnaher Umgebung unterwegs, so verliere man auch die Möglichkeit nicht aus dem Auge, seinen gewohnten (Wander-)Schmied abends in den Quartiersort zu bestellen, falls alle Stricke reißen sollten.

Schwierigkeiten mit dem Beschlag ergeben sich in der Regel nicht, wenn spätestens etwa zehn Tage vor dem Ritt beschlagen wurde und der Beschlag andererseits nicht älter als vier Wochen ist. Wie wir unsere ladenneuen Schuhe einlaufen müssen, so muß sich auch das Pferd an die neuen Eisen gewöhnen. Außerdem hat man so immer noch Zeit, notfalls vor Antritt des Rittes Änderungen am Beschlag vornehmen zu lassen. Große Hufkorrekturen läßt man vor einem Wanderritt ebensowenig durchführen wie ungewohnte Beschläge. Ging das Pferd vorher mit glatten Eisen, so kann man nicht heute auf Stollen umstellen und morgen losreiten! Solche Änderungen sollte man schon einen Beschlag vorher langsam einleiten.

Unterwegs sind *regelmäßige Kontrollen* des Hufbeschlags bei jeder Rast selbstverständlich, abgerissene Nägel werden so schnell wie möglich ausgewechselt; ebenso werden die Hufe auf eingetretene Steine und dergleichen Fremdkörper untersucht.

Regelmäßige Hufpflege unterwegs ist kein Luxus; verschmutzte Hufe werden abends gewaschen (Eimer, Schwamm und Bürste bekommt man sicher geliehen) und anschließend eingefettet. Das

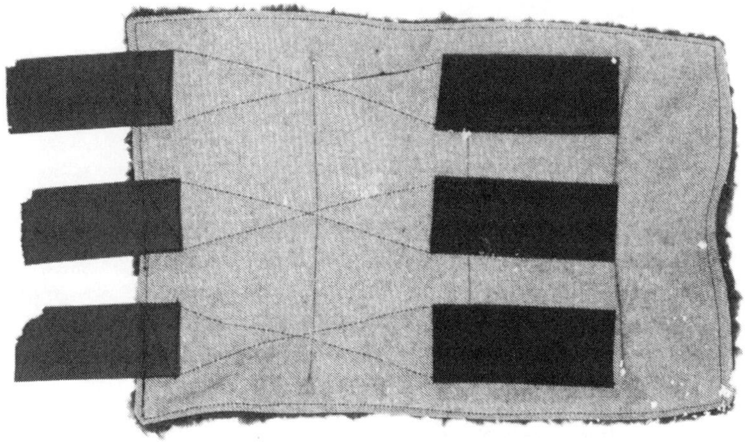

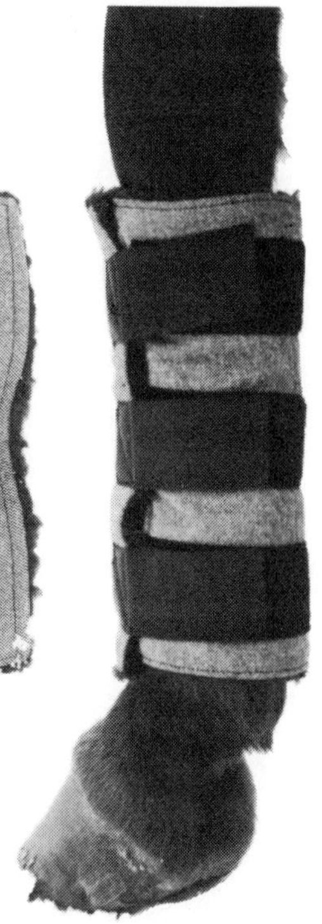

Thermobandagen zum Gebrauch nach dem Ritt im Training.
(Hersteller: Gütlich, Wörishofen)

Huffett für unterwegs füllt man in eine kleine Blechbüchse mit Schraubverschluß ab. Diese Büchse einschließlich einem kleinen Borstenpinsel steckt man in eine kleine Plastiktüte. Wer noch eine passende Tablettendose findet, kann den Pinsel darin unterbringen.

Auf dem Marsch sind *Sehnenschoner, Bandagen und Streichkappen* ein Unding, da sich in ihnen Sand und Steinchen festsetzen und zu wunden Beinen führen. Ein Pferd, das sich streicht oder greift, ist als Wanderreitpferd nicht zu gebrauchen, falls sich das Übel nicht durch korrigierenden Beschlag abstellen läßt.

Im Quartier aber ist es gut, vor allem bei jungen und bei alten Pferden, die Hinterbeine für die ersten zwei oder drei Stunden nach dem Ritt warm einzupakken. Dazu kann ein altes Frotteehandtuch dienen, das mit Bandagen befestigt wird. Praktischer sind Thermobandagen mit Klettverschluß, die sich sehr schnell anlegen lassen; nur sind sie leider für den Marsch zu sperrig. Nach dem Abnehmen der Bandagen ist es gut, die Beine des Pferdes von unten nach oben zu massieren.

Besonders als Wanderreiter sollte man Wert auf den allerbesten Schmied legen. Ein schlechter Schmied kann ein gutes Pferd für alle Zeit unbrauchbar machen. Ein altes englisches Sprichwort lautet: »No foot no horse – kein Fuß, kein Pferd!«

Die Ausrüstung

Ausrüstung des Reiters

Eines sei gleich vorab gesagt: Das äußere Erscheinungsbild von Pferd und Reiter sollte auf jeden Fall vom Stil her halbwegs zusammenpassen. Bosal und Vielseitigkeitssattel, Militärsattel und Westernsteigbügel, Reithelm zu Cowboystiefeln und Jeans – solche Kombinationen tun dem Auge jedes fachkundigen Betrachters weh! Leider aber sieht man sie dennoch des öfteren. Vielleicht bin ich in diesem Punkt etwas zu perfektionistisch, aber es gibt immer noch viel zu viele »Wildwestreiter«, die sehr wohl von zünftigen Westernreitern zu unterscheiden sind! Große Sporen, Hüte, verdreckte Jeans und gewaltige Stangengebisse im Pferdemaul machen noch lange keinen Westernreiter. Wer mit einem ungepflegten, abgemagerten Pferd durch die Lande zieht und selbst wie ein Vagabund aussieht, der bringt die ganze Innung der Wanderreiter, egal welchen Reitstiles, in Verruf. Wer so ankommt, muß sich nicht wundern, wenn ihm die Landbevölkerung mit größter Distanz entgegentritt oder ihm niemand Quartier geben will.

Bekleidung

Reitstiefel und Reithosen

Da man auf einem Wanderritt nicht nur reitet, sondern als Reiter auch öfters zu Fuß gehen muß, wird die Sohle der Stiefel stark strapaziert. Deshalb läßt man auf seine Reitstiefel am besten eine dünne, bis zum Absatz reichende Gummisohle machen. Die Sohle muß unbedingt bis zum Absatz durchgehen, da sonst die Gefahr besteht, bei einem Sturz in den Steigbügeln hängen zu bleiben. Weich und bequem sollten die Stiefel auf jeden Fall sein, da sonst der Ritt zur Tortur werden könnte. Die hohe polnische Hinterkappe unserer heutigen Reitstiefel ist zwar fürs Reiten ideal, zum Laufen aber denkbar ungeeignet. Die alten Militärreitstiefel hatten eine viel niedrigere Kappe und waren außerdem wesentlich haltbarer verarbeitet als unser heute erhältliches Material. Die Reparatur solcher alten Stiefel lohnt sich in den meisten Fällen immer noch; dies nur am Rande.

Die ideale Stiefelpflege geht so vor sich: Nach Gebrauch der Stiefel wird erst einmal sämtlicher Schmutz mit einem feuchten Schwamm oder Lappen entfernt, dann werden sie mit altem Zeitungspapier ausgestopft. In die Schuhcremedose spuckt man ab und zu kräftig hinein und cremt die Stiefel schön dünn ein. Danach läßt man das Ganze einziehen und reibt nach einigen Stunden die Schuhcreme mit dem Stiel einer alten Zahnbürste in das Leder ein.

Improvisierter Marschriemen: Ein 70–80 cm langer Riemen wird in Achterform um den Stiefel geschlungen (Schnalle nach außen!).

Anschließend werden die Stiefel mit einem alten Wollappen so lange poliert, bis sie glänzen. Die ganze Prozedur wird des öfteren wiederholt, wann immer man Zeit dazu hat. Dadurch werden die Stiefel wasserabstoßend und erhalten eine Art Dauerglanz. Werden sie staubig, kann man sie ganz einfach mit einem feuchten Lappen abwischen oder abwaschen. Der Aufwand lohnt sich in jedem Falle. Sind die Stiefel im Gelenk zu hart, so massiert man hier mit dem Finger Lederfett ein, bis das Leder butterweich wird.

Normale Reithosen sind nicht unbedingt zum Wanderreiten zu empfehlen, da sie diverse Nachteile aufweisen. So hält bei langen Ritten in dornigem Gelände das Gewebe manchmal den Anforderungen nicht stand. Schlimmer ist, daß die Hosentaschen zu klein sind und die Reißverschlüsse oft ausreißen. Generell sollte man Reitbekleidung in gedeckten Farben (braun, grün) wählen, da man an ihr Staub und Schmutz nicht so schnell wie an hellen Stoffen sieht.
Zur Zeit kommen *Breeches* wieder in Mode, die nicht nur modern, sondern auch praktisch und bequem sind. Auf große Taschen ist zu achten, da man unterwegs viele Kleinigkeiten griffbereit unterbringen muß.
Robust und relativ billig sind die Arbeitshosen der Bundeswehr, die ein geschickter Schuster oder Schneider leicht mit aufgesetzten Knieledern versehen kann. Ein Ganzlederbesatz wäre noch besser, kommt aber recht teuer. Für den Winterreitbetrieb kann man sich auch die alten Wollstoffhosen der Bundeswehr umarbeiten lassen. Dazu müssen die Beine enger genäht (auf Breechesform) und Knieleder aufgesetzt werden. Diese Hosen sind im Winter sehr warm, da im Oberschenkelbereich der Stoff noch mit einer zusätzlichen wasserdichten Einlage versehen ist. Der Stoff kratzt zwar auf der bloßen Haut, durch das Tragen langer Unterhosen ist jedoch leicht Abhilfe zu schaffen. Hier gleich noch ein Wort zu den erwähnten langen Unterhosen: Ich kenne einige Reiter, die sie auch im Sommer tragen: zum einen, weil sie den Schweiß gut aufsaugen, zum anderen, weil die Gefahr des Aufreitens fast völlig beseitigt ist.

Als Alternative zu Stiefeln mit Stiefelhosen bieten sich die *Jodhpurs* an. Diese wurden in Indien für heißes, trockenes Wetter entwickelt. Dafür sind sie ideal, weniger aber für Regen und Matsch. Statt der *Jodhpurstiefel* kann man auch amerikanische Militärstiefel verwenden, falls deren Zehenteil nicht zu breit ist. Diese Stiefel sind außerdem kaum halb so teuer wie die Jodhpurstiefel und das Zu-Fuß-Gehen fällt in ihnen wesentlich leichter. Allerdings ist das Verschnüren der Stiefel eine ziemlich zeitraubende Angelegenheit.
Gummistiefel aller Art sind zum Wanderreiten völlig ungeeignet, da sie im Sommer zu warm sind, die Füße in ihnen schwitzen und im Winter das andere Extrem eintritt. Für kurze Ritte bei Schlechtwetter in Schlamm und Matsch oder im Schnee sind sie natürlich unübertroffen, desgleichen für die Arbeit im Auslauf oder auf der Weide.

Reservekleidung, Freizeitkleidung

Den Rest der Bekleidung wählt man der Jahreszeit entsprechend und so praktisch und stabil wie irgend möglich. An Materialien haben sich Baumwolle und Wolle bewährt. Was Trageeigenschaft, Strapazierfähigkeit und Pflegeleichtheit betrifft, sind Pfadfinder-, Jäger- und Militärhemden ideal. Für abends nimmt man ein Paar leichte Turnschuhe, einen Trainingsanzug oder eine andere Hose mit, die notfalls als Reithosenersatz dienen kann. Werden größere Mengen an Reservekleidung nötig, so ist diese kaum auf dem Pferd zu verstauen. Unternimmt man einen Wanderritt ohne Begleitfahrzeug, muß man sie vorher per Post an einen Quartiersort vorausschicken; von dort wird dann die getragene Kleidung heimgeschickt. Die Verpackung wählt man so, daß sie leicht wiederzuverwenden ist. Unter Umständen kann man das Gepäck auch postlagernd vorausschicken. Dabei an die Öffnungszeiten der Postämter denken!

Kopfbedeckung

Noch ein Wort zur vieldiskutierten Reitkappe: Leider sind unsere heutigen Reitkappen weder praktisch noch sicher genug. Eigentlich sollte man ja beim Wanderreiten – vorausgesetzt, man reitet in gemächlichem Tempo, unterläßt das Springen und hat ein ausgebildetes Pferd zur Verfügung – nie in die Verlegenheit kommen, sich irgendwo den Kopf anzuschlagen. Aber die Erfahrung lehrt anderes. Sicher sind, genaugenommen, nur Helme, wie sie von Vielseitigkeitsreitern getragen werden; diese Helme haben einen Innenhelm und sind mit Sturmberiemung ausgestattet. Darunter gibt es ganz brauchbare Modelle. Auch der Westernhut aus dickem Filz gibt einen gewissen Schutz, ebenso wie eine dicke Filzkappe.
Ganz abgesehen von den überaus wichtigen Sicherheitsüberlegungen sollte man auf seinen Wanderritten nie ohne Kopfbedeckung reiten, da diese ja auch vor Sonne, Wind und Regen schützt. Auch am wärmsten Tag kann man durch Zug leicht einen steifen Hals bekommen oder sich eine Erkältung holen. Welche Kopfbedeckung man wählt, ist wohl Sache jedes einzelnen. Es wäre zu hoffen, daß die einschlägige Industrie sich einmal eine gute Lösung für die Freizeitreiter einfallen läßt! Vorerst wird man wohl immer zu Kompromissen gezwungen sein, die bekanntlich nie so recht befriedigen können.

Die Ausrüstung von A bis Z im Überblick – nicht nur für den Reiter

Apotheke Am besten packt man seine persönlichen Medikamente in das gleiche Säckchen wie die Toilettenartikel; so hat man sie täglich zur Hand. Werden sie in einer Reiseapotheke verstaut, vergißt man ihre gern ihre Einnahme. (Siehe auch Seite 119 f.)

Bandagen, Sehnenschoner und Streichkappen geben, wie schon gesagt, nur Anlaß zu Scheuerwunden bei den Pferden, da sich Staub, Schmutz und Steinchen unter ihnen festsetzen. Deshalb läßt man sie möglichst zu Hause, es sei denn, es geht wirklich nicht ohne sie. Bei der Ausbildung von jungen Pferden leisten sie als vorübergehender mechanischer Schutz vor Verletzungen gute Dienste, auch bei der Geländeausbildung.

Bundeswehrzeltbahn Diese hat zwei Schlitze und kann in Verbindung mit der anknöpfbaren Kapuze als Regenschutz verwendet werden. Zwei Zeltbahnen zusammen ergeben mit dem dazugehörigen Gestänge ein brauchbares Zelt (ohne Boden!) für zwei Leute ohne Gepäck. Imprägnieren nicht vergessen!

Deckengurt Einen Deckengurt sollte man dabeihaben, um bei Rasten die Satteldecke zu halten; zum anderen ist er auch beim Abdecken des Pferdes mit dem Poncho recht praktisch. Dekkengurte ohne gepolstertes Lederkissen lassen sich, klein zusammengerollt, in den Packtaschen verstauen. Gurte mit Kissen nehmen in der Packtasche zuviel Platz weg. Sie lassen sich aber manchmal so über den Sattel schnallen, daß das Kissen unten auf der Bauchseite des Pferdes zu liegen kommt, wo es nicht stört.

Dreieckszeltbahn Diese Bahn mißt 203 × 203 × 240 cm und hat ringsum Knöpfe und Ösen für den Zeltbau. Aus vier Zeltbahnen läßt sich schon ein brauchbares Zelt bauen, jedoch hat es keinen Boden. Aus acht oder 16 Bahnen kann man dann dementsprechend größere Zelte erstellen (Achter-Langzelt, 16er-Pyramide), wobei darauf zu achten ist, daß jeweils die obere Bahn die untere überlappt, sonst läuft das Wasser ins Zelt!
Die Dreieckszeltbahn findet auch als Regenschutz für den Reiter Verwendung. Allerdings hat sie leider keine Kapuze, sondern nur einen Schlitz in der Mitte für den Kopf des Reiters. Bei Regen ist also eine wasserdichte Kopfbedeckung zusätzlich erforderlich. Als Regen»mantel« muß die Bahn so geknöpft werden, daß die kürzere Ecke nach vorn zeigt und die unteren zwei Knöpfe und Knopflöcher der anderen zwei Spitzen freibleiben.
Diese Zeltbahnen waren früher beim deutschen Militär allgemein im Gebrauch und sind es heute noch in der französischen Legion. Der Neupreis liegt bei etwa 30 DM. Wie die Bundeswehrzelte müssen auch diese Zeltbahnen vor Gebrauch neu imprägniert werden.

Eiserne Ration Wenn man auf gut Glück losreitet, kann es nie schaden, außer der Tagesverpflegung noch ein Minimum an Notproviant mitzuführen. Hierfür gibt es sowohl Angebote der

Dreieckszeltbahn mit Schlitz für den Kopf. Wenn es regnet, ist der Kopf des Reiters nicht geschützt.

Sportausrüster für Bergsteigerverpflegung als auch die Möglichkeit der Verwendung von Einmann-Reservepackungen (EPAS) aus Militärbeständen. Gefriergetrocknete Nahrung nimmt zwar weniger Platz weg, ist aber relativ teuer. Die Alternative besteht darin, sich seine Eiserne Ration selbst zusammenzustellen: Fleischdose, Erbswurst, Knäckebrot, Schokolade (Schmelzgefahr im Sommer, Vorsicht!), Traubenzucker, Teebeutel, Zuckerwürfel u. ä.

Elastische Binden Eventuell in der Jackentasche zu verstauen. Man braucht sie immer, ob zur Ersten Hilfe bei Pferd und Reiter, für verstauchte Knöchel oder um dem Anlaufen der Pferdebeine vorzubeugen. Sollte ein Pferd unterwegs zu streichen beginnen (Übermüdung, Pferd ist nicht fit! – beides darf es an sich nie geben), so kann man damit die Pferdebeine mit einem provisorischen Schutz versehen.

Feldflasche Beim Wanderritt im Schrittempo ist es ziemlich gleichgültig, welche Konstruktion und Befestigung man dafür verwendet. Will man aber schneller reiten, so wird die Wahl der richtigen Flasche schwierig. Viele der heute von Sportausrüstern angebotenen Modelle sind trotz ihres hohen Preises leider den Anforderungen eines Wanderrittes nicht gewachsen. Mit am besten sind immer noch die Militärmodelle aus deutscher oder amerikanischer Fertigung, die neu zwar recht teuer, dafür aber auch besonders haltbar sind. Praktisch ist ein angeschnallter Blechbecher, der morgens notfalls auch zum Kaffeekochen verwendet werden kann. Die Flasche wird so am Sattel befestigt, daß sie weder herumbaumelt, herumhüpft noch am Pferdekörper scheuert. Falls in einer Packtasche noch Platz sein sollte, ist die Flasche dort am besten aufgehoben. Inhalt der Flasche: Tee oder ganz normales Leitungswasser. Vor allem letzteres braucht man an heißen Tagen, mehr allerdings zum Gesichtwaschen als zum Trinken. Bier oder Limonade in Dosen einzupacken ist nicht ratsam; durch das andauernde Schütteln und die im Sommer herrschende hohe Außentemperatur entweicht der Inhalt der Dosen beim Öffnen mit Vehemenz. Dabei wird zum einen der Reiter von oben bis unten mit der klebrigen Flüssigkeit durchnäßt, zum anderen können die Pferde durch das Zischgeräusch scheuen. Man denke hier nur an die Reaktion vieler Pferde beim Kontakt mit Desfinektionssprays! Was passiert, wenn die Dosen in der Packtasche aufgehen, kann sich jeder leicht vorstellen! Glasflaschen sind wegen der Bruchgefahr sowieso unbrauchbar, wiederverwendbare Plastikflaschen eignen sich schon viel besser. – Übrigens gehören leere Flaschen, Plastiktüten und sonstige Abfälle nicht in die Natur, sondern in den nächsten Mülleimer bzw. Altglassammelbehälter!

Fliegenschutz Neben den handelsüblichen Insektenabwehrmitteln für Pferd und Mensch gibt es auch Geräte für Batteriebetrieb zur Abwehr von Stechmücken. Gegen Sprays haben viele Pferde eine Aversion. Der Hauptnachteil der käuflichen Mittel liegt ebenso wie der des Abreibens der Pferde mit Holunder- oder Walnußblättern darin, daß die Wirkung nur wenige Stunden anhält. Am besten bewähren sich noch immer die altbekannten Ohrengarne (auch kurz als »Ohren« bezeichnet).

Ohrengarn: Fliegenschutz für das Pferd im Sommer.

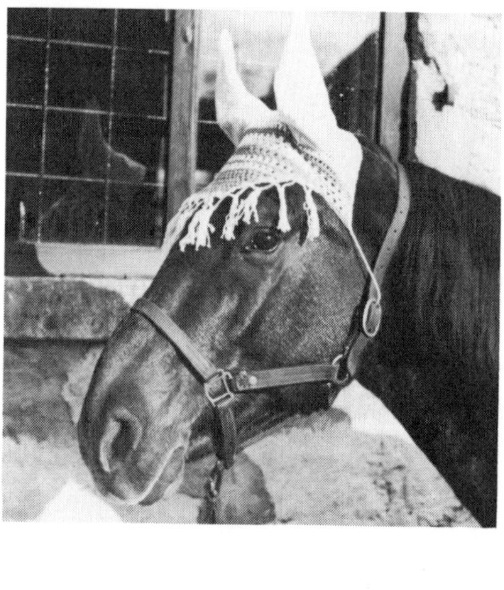

Gerte, Sporen, Martingals und sonstige Hilfsmittel werden auf Wanderritten nicht gebraucht. Sie sind nicht nur unnötig, da ein Wanderpferd trainiert ist und gern vorwärts geht, sondern stellen auch im normalen Reitbetrieb in der Regel dem Reiter ein Armutszeugnis aus.

Halstuch Das Tragen eines Halstuches hat sich stets bewährt: Es stoppt den Schweiß, dient zum Abwischen des verschwitzten Gesichtes, kann als Notverband dienen und ist noch weit vielseitiger zu gebrauchen, als mancher denkt. Nicht ohne Grund wird es von den Pfadfindern in aller Welt seit bald hundert Jahren benützt. Das Halstuch sollte möglichst groß und aus festem Stoff sein. Gut zu gebrauchen sind auch die Halstücher aus Bundeswehrbeständen.

Handschuhe Diese darf man auf keinen Fall vergessen, ob sommers oder winters. Sie schützen die Hände vor Sonnenbrand wie auch vor Kälte und geben einen besseren Griff, ganz besonders bei glatten Lederzügeln. Die Wahl, ob Leder oder Strickmaterial, muß jeder nach seinem Geschmack treffen. Im Winter wärmen übrigens zwei Paar Handschuhe, übereinander getragen, besser als ein Paar ganz dicke Handschuhe. Gleiches gilt für Strümpfe, Hemden und Pullover.

Kamera Eine Kamera dabeizuhaben, schadet nie. Sie muß stoßfest, z. B. in einem selbstgebastelten Schaumstoffbehältnis, wie auch staub- und wasserdicht (starke Plastiktüte) verpackt werden. Die Bereitschaftstasche ist in der Regel zu unpraktisch und zu sperrig, bleibt also daheim. Je kleiner, leichter und stabiler die Kamera ist, desto besser. Um den Hals sollte man sie nicht hängen, da sie dann störend herum-

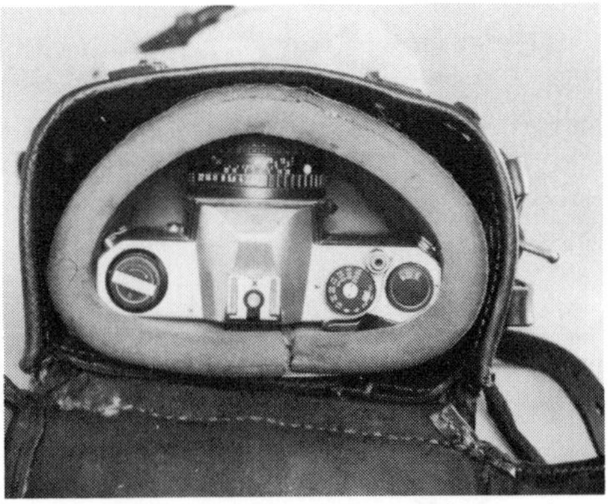

Die Kamera wird, in Schaumgummi verpackt, in einer der Packtaschen untergebracht.

baumeln kann. Reservefilm, Ersatzbatterien, Gegenlichtblende, UV-Filter, evtl. Selbstauslöser, Fernauslöser, Taschenstativ – all das und die Mitnahme von weiterem Zubehör hängt von jedem einzelnen »Fotografen« ab. Je weniger man mitnimmt, um so weniger kann kaputtgehen, verlorengehen oder unnötig Platz in den Packtaschen wegnehmen! Als genereller Tip für die Kamerawahl ist zu sagen: Je teurer die Kamera ist, je mehr Technik in ihr steckt, desto empfindlicher wird sie für Stoß und Schlag. Die Dienste einer einfachen Sucherkamera mit Nachführbelichtungsmesser verlassen einen nur selten.

Kochgeschirr Normalerweise braucht man das Kochgeschirr nur zum Kaffeekochen und als Brotbehälter, wenn man sich auf seinem Ritt mittags kalt verpflegt und abends in Gasthöfen ißt. Ideal für das Wanderreiten sind das alte Wehrmachts- oder das Bundeswehrkochgeschirr, ebenso das französische Kochgeschirr, das im Gegensatz zu diesen eine rechteckige Form hat. Zum Transport kommt das Geschirr in eine Packtasche (paßt gerade in die Packtaschen zum deutschen Militärsattel) oder es wird in einem entsprechenden Le-

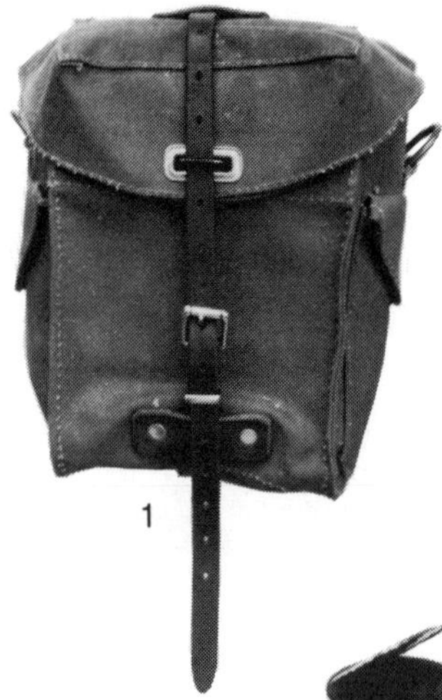

1

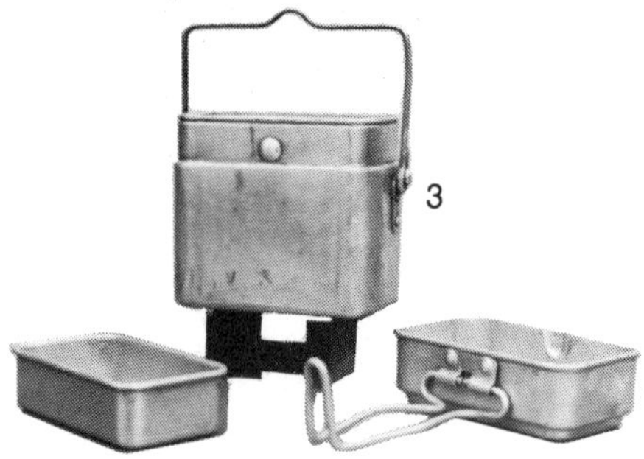

3

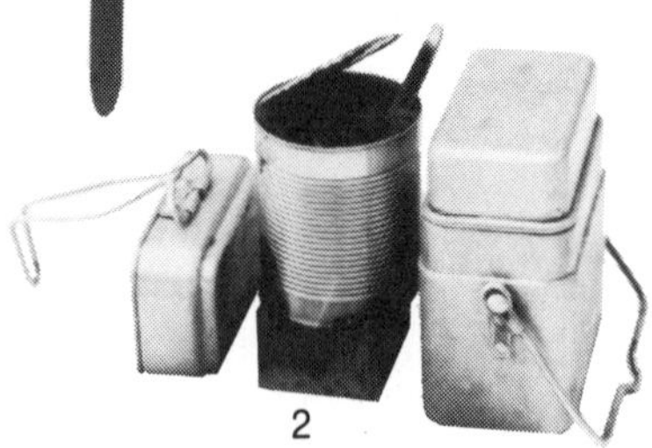

2

1 Kochgeschirrköcher, gebaut aus einer englischen Tasche: Die Originalbeschläge wurden entfernt und der umlaufende Riemen speziell angebracht.

2 Kochen im Winter: Geöffnete Konservendose auf dem Esbitkocher, das Kochgeschirr dient als Windschutz.

3 Französisches Kochgeschirr mit Einsatz.

der- oder Segeltuchbehälter am Sattel angeschnallt. Passende Behälter sind ab und zu bei Firmen zu finden, die alte Armeebestände verkaufen. Der Umbau ist meist in einer halben Stunde oder schneller erledigt. Gereinigt wird das Kochgeschirr mit Sand und einem sauberen Grasbüschel, es sei denn, es stehen Scheuermittel aus dem Haushalt zur Verfügung. Damit aber die Packtaschen nicht beschmutzt werden, steckt man das Geschirr vorsorglich in eine Plastiktüte. Ein Lagerfeuer anzulegen, um Wasser für den Frühstückskaffee zu kochen, erscheint mir als zu aufwendig. Besser ist in jedem Fall ein Esbitkocher (Preis ca. 5 DM), in dem der zugehörige Trockenbrennstoff untergebracht werden kann. Packmaß des Kochers: 7 x 10 x 2 cm. Billiger, kleiner und leichter geht's nicht.

Ein Kochgeschirr reicht für zwei Personen völlig aus. Manche Konservendosen lassen sich nach Ablösen des Papieretiketts und vorherigem Öffnen auch direkt auf dem Esbitkocher erhitzen. Übrigens reicht eine Esbittablette zum Erhitzen von einem Liter Wasser aus. Beim Kauf eines Kochgeschirrs ist es in jedem Falle zu empfehlen, die Preise und die Qualität bei verschiedenen Firmen vorher zu vergleichen, es lohnt sich!

Als Minimalbesteck genügt ein Löffel zur Ergänzung des Taschenmessers. Wer es komfortabler haben will, der sei auf die zusammensteckbaren Bestecke für Campingzwecke oder auf dementsprechende Militärmodelle verwiesen.

Luftmatratze Luftmatratzen sind in der Regel für einen Packtaschenritt zu schwer. Isoliermatten hingegen fallen gewichtsmäßig kaum auf, sind aber zu sperrig. Ersatz durch Heu, Stroh (weniger zu empfehlen), Fichtenzweige oder trockenes Laub ist möglich. Sattel oder Mantelsack dienen als Kopfkissen.

Notizbuch Auf jeden Fall sollte wenigstens einer der Teilnehmer ein Notizbuch dabeihaben. Zum einen kann so festgehalten werden, was den Tag über an Besonderem passiert ist, um die Erlebnisse später – sei es fürs Tagebuch oder fürs Fotoalbum – aufarbeiten zu können, zum anderen, um wichtige Adressen, auch die unserer Quartiergeber (diese freuen sich, wenn sie später eine Ansichtskarte oder einen Brief – eventuell mit Fotos – von zu Hause bekommen) oder sonstiger Bekannter von unterwegs, aufschreiben zu können. Lose Zettel werden erfahrungsgemäß gern verloren.

Packbeutel Um alles, was zusammengehört, auch an einer Stelle zu verwahren (Putz- und Waschzeug, Erste Hilfe, Reservekleidung etc.), fertigt man sich aus Zeltstoff oder ähnlichem Material passende Säckchen, die am oberen Ende mit einer Kordel verschlossen werden können. Notfalls lassen sich auch Plastiktüten hierfür einsetzen. Für das Schuhwerk sind sie sowieso unumgänglich, ebenso für wasserempfindliche Gegenstände. Vorsichtshalber kann man auch in jede der Packtaschen wie auch in den Mantelsack zuerst eine große Plastiktüte stecken, in die dann alles verpackt wird. Schließlich ist nie auszuschließen, daß man mit dem Pferd ein unfreiwilliges Bad nimmt oder in heftigem Dauerregen die Packtaschen mit der Zeit doch wasserdurchlässig werden.

Poncho Der Poncho der amerikanischen Armee (auch als Gummizeltbahn bezeichnet) ist so ziemlich das universalste Ausrüstungsstück, das man sich vorstellen kann. Er ist aus gummibeschichtetem Gewebe hergestellt, wobei die neuesten Modelle aus gummierter Fallschirmseide und daher sehr leicht

Poncho als Regenschutz für den Reiter.

und klein zu verpacken sind. Gegenüber jeder Zeltbahn haben sie den großen Vorteil, daß sie nicht imprägniert werden müssen und auch im Dauerregen wasserdicht bleiben. Zudem sind Kapuze und Poncho aus einem Stück gearbeitet, so daß auch hier keine Schwachstellen, wie etwa bei der Bundeswehrzeltbahn, auftreten können. Der Poncho mißt etwa 1,5 × 2 m; vorne hat er eine Kordel, mit der man ihn um den Bauch herum festbinden kann. Seitlich befinden sich Druckknöpfe und verschiedene Ösen.

An Einsatzmöglichkeiten für den Poncho seien genannt:

- Als Regenumhang für den Reiter (seitlich zugeknöpft);
- als Regenumhang für das Pferd (vorn und hinten mit einer Kordel befestigt);

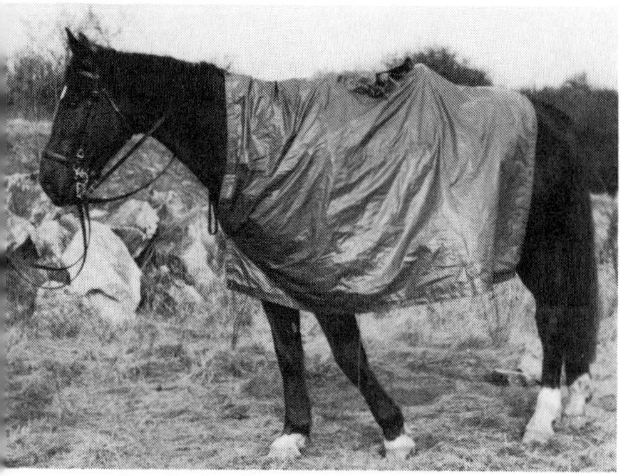

Poncho als Regenschutz für das Pferd.

- als Plane für das Packpferd;
- der Länge nach zusammengeknöpft ergeben zwei Ponchos ein Behelfszelt. Ein dritter Poncho kann als Zeltboden dienen;
- als Schlafsackunterlage beim Schlafen im Heu;
- als wasserdichte Hülle für den Schlafsack (die beiden Längsseiten zusammengeknöpft).

Der einzige Nachteil des Ponchos ist sein ziemlich hoher Preis: 40 bis 50 DM neu, etwa 25 DM gebraucht. Ein Preisvergleich lohnt sich. Beim Kauf eines gebrauchten Ponchos muß darauf geachtet werden, ob die Gummierung noch überall intakt ist (gegen das Licht halten).

Wird der Poncho nicht gebraucht, so schnallt man ihn über den Mantelsack oder über eine der Vorderpacktaschen. Ist er naß geworden, so muß er zum Trocknen aufgehängt werden. Daheim ist das kein Problem, zu Pferd muß man sich halt etwas einfallen lassen. Im Vergleich zum Reitmantel ist er wesentlich platzsparender, außerdem vielseitiger zu verwenden. Auch im Preisvergleich kommt der Poncho besser weg.

Putzzeug *Für das Pferd* werden benötigt: Kardätsche (am besten mit Lederrücken. Bitte keine kleine Kinderkardätsche, auch wenn dies platzsparender wäre, sondern eine große, weil man mit ihr schneller mit dem Putzen fertig ist. Die beste Kardätsche ist gerade gut genug!), Gummistriegel, Hufkratzer, evtl. eine Wurzelbürste, ein altes Handtuch, Huffett und ein kleiner Pinsel.
Für das Lederzeug: Sattelseife, Lederfett, Schwämmchen, Schuhputzzeug.

Reitmantel Auch wenn ein Reitmantel für Wanderritte normalerweise zu sperrig ist, so tut er doch bei schlechtem, kaltem Wetter in Herbst und Winter gute Dienste. Nur nimmt er, wie schon gesagt, bei Nichtgebrauch unterwegs sehr viel Platz weg. Reitsportausrüster bieten heute die verschiedensten Modelle in den unterschiedlichsten Preisklassen an. Beim Kauf sollten Qualität und Zweckmäßigkeit ausschlaggebend sein. Helle Farben sind im Dunkeln zwar besser zu sehen als dunkle und deshalb unter dem Gesichtspunkt der Verkehrssicherheit vorzuziehen; andererseits sieht man an ihnen jeden Dreckspritzer, was wieder mehr für dunklere Farben spricht.
Außer den modernen Reitmänteln sind Ledermäntel aus Militärbeständen, die alten Militärmäntel aus Wollstoff (nichts für Regen, aber sehr gut als Schlafsakkersatz!) oder Segeltuch (bei Regen zu gebrauchen, sie sind aber nicht warm) sowie die bekannten Gummimäntel (sog. »Kleppermäntel«) verwendbar. Wichtig ist bei allen Mänteln, daß sie hinten einen Schlitz für den Sattel haben und eventuell eine Vorrichtung, um sie sturmsicher an den Beinen zu befestigen.

Schlafsack Vorab sei gesagt: Es geht auch ohne ihn! In der warmen Jahreszeit kann man zum Beispiel im Mantel schlafen oder aber den Woilach benützen. Eine gute Idee ist es, wie es zum Beispiel zeitweise auch in der englischen Kavallerie üblich war, zwei Satteldecken mitzuführen, die man, übereinandergelegt, unter den Sattel legt. Die obere Decke riecht dann nicht so sehr nach Pferd wie die untere und wird auch nicht naßgeschwitzt. In die obere Decke kann man einen Reißverschluß einnähen lassen und sie so wie einen Schlafsack einsetzen. Manche amerikanischen Armeedecken haben diesen Reißverschluß bereits serienmäßig. Wichtig ist bei der Verwendung zweier Decken übereinander unter dem Sattel, daß man keine Falten hineinbringt, da dies unweigerlich zu Satteldruck führen wird. Legt man die Decken gleichzeitig auf und streicht sie vor dem Satteln überall gut glatt (mit den flachen Händen), so kann eigentlich nichts dergleichen passieren.

Bei wirklich kalter Witterung sind Daunenschlafsäcke unübertroffen. Militärschlafsäcke sind ebenfalls gut, aber schwer und relativ unhandlich. So betrachtet, dürften Bergsteigerschlafsäcke große Vorteile bieten. Der *amerikanische Militärschlafsack* ist mit Daunen gefüllt, hat einen abnehmbaren Überzug und ist sehr warm. Bei permanent nassem Wetter aber wird er nicht trocken und wärmt dann auch nicht mehr. Da hilft auch keine wasserabweisende Außenhülle!

Der *Bundeswehrschlafsack* ist aus Kunststoffmaterial hergestellt, wasserdicht beschichtet, aber nicht so warm wie der amerikanische. Dafür aber kann sein Unterteil hochgeklappt werden, so daß er wie ein Mantel zu verwenden ist.

Neu entwickelte Kunstfasern erreichen die Wärmehaltigkeit der Daune und sind feuchtigkeitsunempfindlich. Sie nehmen es auch nicht übel, wenn sie einmal feucht oder gar naß verpackt werden. Im Gegensatz zur Daune wärmen sie auch noch ganz gut, wenn sie naß sind. Die Packmaße der Daunenschlafsäcke werden inzwischen von den Kunstfasermodellen ebenfalls erreicht. Bedenkt man, daß der Daunenschlafsack nach jedem Gebrauch gut gelüftet werden muß, bei uns öfters feuchte Witterung herrscht und der Preis guter Daunenschlafsäcke ebenso hoch ist wie der der Kunstfaserschlafsäcke, so überwiegen fast die Vorteile der Kunstfaser.

Anzuraten ist die Verwendung eines Innenschlafsackes (sog. »Jugendherbergsschlafsack«), den man aber aus einem Bettuch leicht selbst nähen kann (s. Abb.). Auch eine wasserabweisende Außenhülle (Biwaksack) ist sinnvoll, da sie wie der Innenschlafsack leicht zu

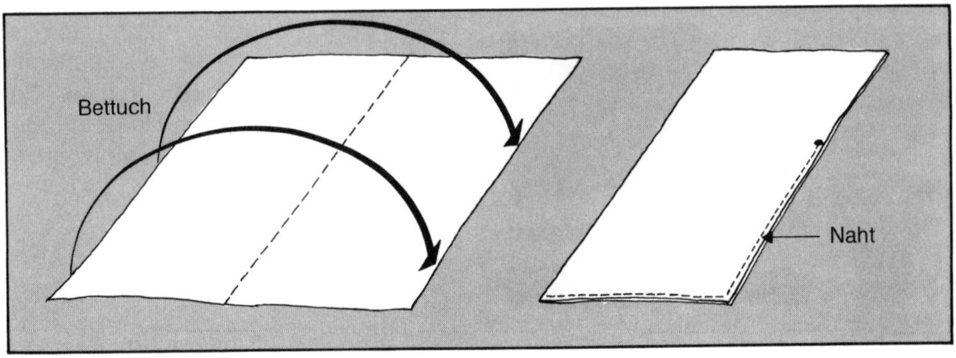

Ausrüstung des Pferdes

Der Sattel

Für einen gelegentlichen Ritt mit geringfügiger Ausrüstung oder für den Fall, daß man ohne Gepäck (Begleitfahrzeug) reitet, ist an sich jeder normale, Pferd und Reiter passende Sattel zu verwenden. Soll aber ein Sattel in erster Linie für das Wanderreiten angeschafft werden, so sind mindestens vier Anforderungen an ihn zu stellen:

1. Der Sattel muß weit genug sein, damit der Widerrist des Pferdes nicht eingeklemmt wird. Vor allem muß die Kammer des Sattels auch ausreichend hoch sein, so daß dieser nicht auf der Wirbelsäule des Pferdes aufliegt. Fünf Zentimeter Luft zwischen Sattel und Wirbelsäule sind beileibe nicht zu viel. Schon im Training nehmen die Tiere in der Regel stark ab; unterwegs wird das bei manchen Pferden (fremde Umgebung, fremdes Futter, fehlende Freßzeit) noch viel mehr der Fall sein. Deshalb ist bereits in der Trainingszeit darauf zu achten, ob der Sattel etwa aufgepolstert werden sollte. Besonders bei jungen Pferden, deren Sattellage sich erst formen muß, ist hierauf zu achten. Das absolute Minimum sind etwa 2 cm Zwischenraum mit dem Reiter im Sattel; dann *muß* aufgepolstert werden. Satteldruck kann ein Pferd auf lange Zeit oder sogar für immer unbrauchbar machen. Satteldruck muß nicht sein!
2. Das Gewicht von Reiter und Zubehör muß vom Sattel auf eine möglichst große Fläche des Pferderückens verteilt werden. Hierfür muß der Sattel mit Trachten versehen werden; in der Regel sind diese hinten angebracht, es gibt aber auch Sättel mit Vordertrachten. Allerdings dürfen die Trachten nicht so lang sein, daß sie hinten auf der Nierenpartie aufliegen oder vorne die Bewegung des Pferdes behindern. Ersteres kann leicht bei der Verwendung von Militärsätteln auf Kleinpferden eintreten, also Vorsicht!
3. Der Sattel muß die Möglichkeit bieten, das Gepäck sicher und fest verstauen zu können. Keines der Ausrüstungsstücke darf am Pferd scheuern! Ein Mantelsackträger sollte vorhanden sein, da ohne ihn der Mantelsack direkt auf dem Pferderücken aufliegt, beim Reiten auf- und abhüpft und außerdem vom Pferdeschweiß durchtränkt wird. Ein paar einfache Ringe an den Hintertrachten reichen für eine ordnungsgemäße Anbringung kaum aus. Diese ist jedoch äußerst wichtig, denn viele Pferde fangen bei losem Hintergepäck an zu bocken oder gar auszuschlagen.
   Sämtliche Ringe zum Befestigen des Gepäcks müssen so fest sitzen, daß sie niemals abreißen können. Leider wird diese Anforderung nur bei wenigen Sätteln erfüllt; besonders bei Billigsätteln wird an dieser Stelle gern gespart. Eigene Erfahrungen mit solch einem Sattel haben gezeigt, daß die Ringe nicht einmal mittelschwere Packtaschen aushalten, selbst wenn nur Schritt geritten wird.
4. Zum Schluß die wichtigste und an jeden Sattel zu stellende Bedingung: Er muß einen korrekten Sitz ermög-

lichen. Erstaunlicherweise werden sogar viele moderne Vielseitigkeitssättel dieser Anforderung nicht gerecht.

Vor der Beschreibung einiger zum Wandern mehr oder weniger brauchbaren Sättel möchte ich noch kurz zur Sattellage etwas sagen und den Unterschied zwischen einem normalen Pritschsattel und dem ungarischen Bocksattel erklären:

Das Pferd hat über der Wirbelsäule nur eine relativ dünne Haut, aber kein Fleischpolster. Die Muskeln, welche das Gewicht von Reiter, Sattel und Gepäck tragen, liegen beiderseits der Wirbelsäule. Diese Muskeln entwickeln sich erst im Laufe der Zeit durch das Training. Die Aufgabe eines jeden Sattels ist es nun, das Reitergewicht nicht auf die Wirbelsäule zu konzentrieren, sondern beiderseits auf die Muskeln zu verteilen.

Ein Dressurreiter oder Springreiter will möglichst »nah am Pferd« sitzen und möglichst gut auf dieses einwirken können. Darum liegt der sog. *Pritschsattel* recht dicht über die Wirbelsäule und seine Auflagefläche ist recht klein, um die Hilfen des Reiters (Gewicht und Kreuzanspannen) optimal weiterzuleiten. Je kleiner die Fläche ist, auf die eine bestimmte Kraft wirkt, desto größer ist bekanntlich der Druck.

Der Nachteil dieses Sattels mit seiner geringen Höhe über dem Widerrist und der kleinen Auflagefläche liegt auf der Hand: Nimmt das Pferd ab, so drückt der Sattel auf die Wirbelsäule. Außerdem kann auch großflächig Satteldruck entstehen, da ja das ganze Gewicht auf eine ziemlich kleine Fläche des Pferderückens verteilt wird.

Ganz anders verhält es sich mit dem *ungarischen Bocksattel*, der den Urtyp aller militärischen Sättel darstellt. Dieser Sattel ist über der Wirbelsäule sehr hoch und verteilt die Last auf eine große Fläche. Nimmt das Pferd ab, so kann es kaum zum Aufsitzen des Sattels kommen. Desgleichen wird der Druck großflächig verteilt, so daß auch Druckanschwellungen in der Sattellage weitestgehend vermieden werden. Diese Sattelkonstruktion geht übrigens bis weit ins Mittelalter zurück.

Der Nachteil dieser Bauart besteht darin, daß der Reiter etwas weiter »über dem Pferd« sitzt als im Pritschsattel und Gewichts- und Kreuzhilfen weniger gut durchgehen. So zumindest lautet die landläufige Meinung. Jedoch bin ich der Ansicht, daß dies in viel geringerem Maße der Fall ist als allgemein in Reiterkreisen angenommen. Meiner Erfahrung nach macht ein Bocksattel eine solide Ausbildung des Pferdes auch nicht schwerer als ein Vielseitigkeitssattel.

Anhand dieser schematischen Darstellung ist die unterschiedliche Sattellage gut zu erkennen.

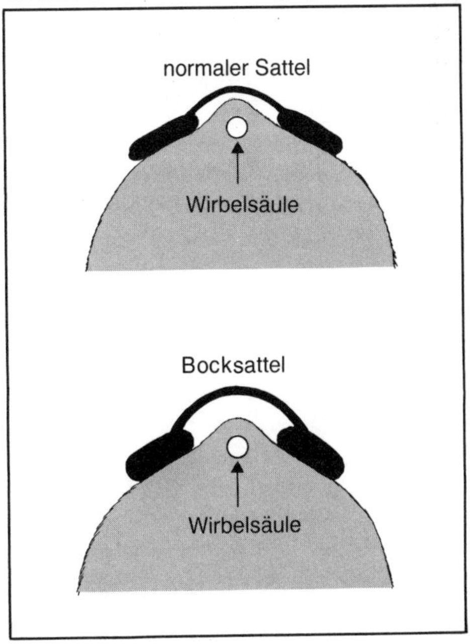

Der deutsche Militärsattel

Der deutsche Bocksattel wurde 1890 in der deutschen Armee eingeführt und bis 1945 mit nur geringen Abänderungen beibehalten. Er wurde in fünf verschiedenen Größen hergestellt, so daß für jedes Pferd der passende Sattel vorrätig war. Die Packtaschen wurden vorne am Sattel an den vier eisernen Krampen angeschnallt und kamen so mit dem Pferdekörper nirgends in Kontakt. Da der Sattel heute nicht mehr gebaut wird, muß man auf Dachböden stöbern oder per Zeitungsinserat danach suchen. Reparaturen am Sattel sind einfach auszuführen, da er völlig zu zerlegen ist. Zu Anfang ist der Sattel für den Reiter sehr hart; dem ist jedoch abzuhelfen, indem man den Sitz abnimmt und von unter her einölt, bis das Leder kein Öl mehr aufnimmt. Manche Reiter stecken auch ein Stück Schaumgummi unter den Sitz, um ihn weicher zu machen. Bei lang und viel gerittenen Sätteln kann es vorkommen, daß die beiden Polster im Sitzkissen zusammenrutschen und der Reiter dadurch zu weit nach hinten zu sitzen kommt. In diesem Fall ist anzuraten, diese Polster aufzufüllen oder auffüllen zu lassen. Dazu schneidet man jedes der beiden Polster von unten her V-förmig auf (Schnitte etwa 3 cm lang) und stopft sie gleichmäßig mit Roßhaar, ganz kleingerupften Filzabfällen, Wolle oder anderem Polstermaterial. Schaumgummi ist hierfür nicht zu empfehlen, da er sich mit der Zeit zersetzt und seine Elastizität verliert. Nach beendigtem Aufpolstern werden die Schlitze mit ein paar Stichen wieder verschlossen. Beim Sitz ist weiterhin zu beachten, daß vom Reiten häufig die beiden Längsnähte durchgewetzt werden, so daß sie gegebenen-

Eigenbaupacktasche am Militärsattel.

falls vor dem Aufpolstern erneuert werden müssen. Von der im Sattelbaum verspannten Rohhaut, die den eigentlichen Sitz bildet, läßt man in jedem Fall die Finger; sie wird weder geölt noch wird sonst etwas daran gemacht.
Die Militärsättel aus dem zweiten Weltkrieg ermöglichen einen auch nach heutiger Vorstellung völlig korrekten Sitz, wogegen die Sättel aus dem ersten Weltkrieg bauartbedingt zum Stuhlsitz führen: Der tiefste Punkt dieser Sättel befindet sich, ähnlich wie bei alten Jagdsätteln und beim Westernsattel, relativ weit hinten. Dementsprechend waren die Sattelblätter ziemlich gerade geschnitten. Dies soll aber nicht heißen, daß etwa die Sättel aus jener Zeit zum Reiten nicht mehr geeignet wären. Manche der alten Sättel haben sogar den Vorteil, daß sie leichter sind als die aus der Zeit des zweiten Weltkrieges, da sie nur Polster aus Filz und nicht aus Leinwand mit Roßhaarfüllung haben.
Noch ein Tip zu den Sätteln aus dem ersten Weltkrieg: Viele dieser Sättel haben statt der Schnalle zum Einschnallen des Rückgeschirrs beim Fahren vom Sattel auf den Hintertrachten nur einen viereckigen Ring. An diesem kann man die heute allgemein üblichen Doppelpacktaschen auf einfache Art sicher befestigen, so daß sie auch nicht verrutschen können: Das Mittelstück der Doppelpacktaschen bekommt an der Stelle, wo sich die Ringe befinden, je zwei Löcher, die mit Schlitzen verbunden werden. Hierdurch werden die Ringe auf den Satteltrachten gesteckt und mit einem Riemchen oder den Mantelsackriemen gesichert. Genauere Einzelheiten für den Umbau der Packtaschen zeigt die untenstehende Abbildung.

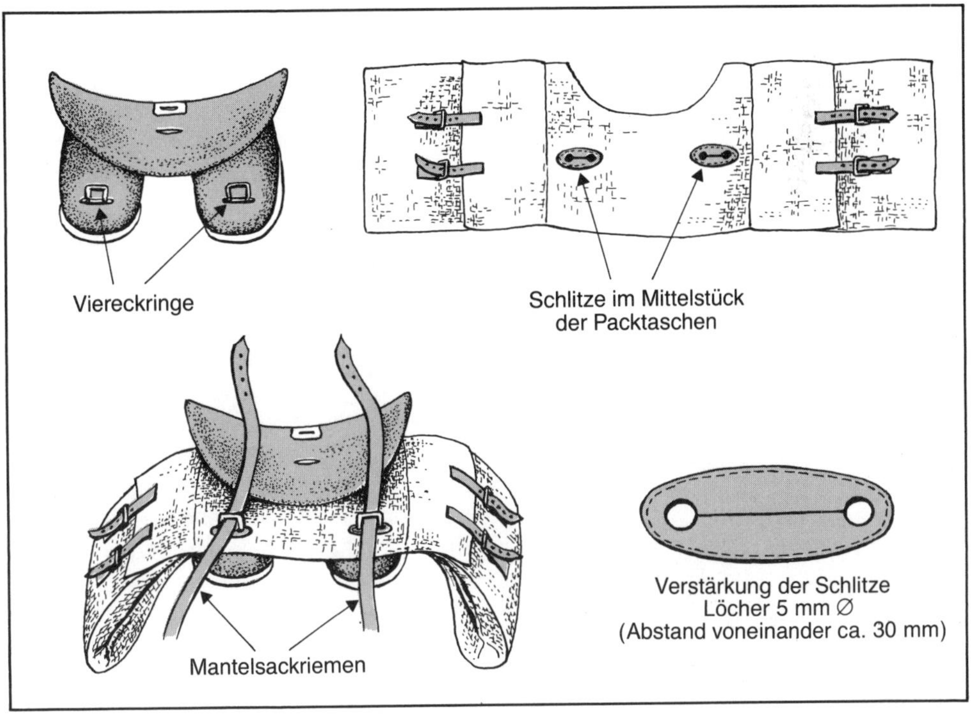

Der englische Universal Pattern Sattel (R 39)

Die Entwicklung dieses Sattels läßt sich lückenlos bis ins 17. Jahrhundert zurückverfolgen. Seit dem ersten Weltkrieg hat sich an dessen Konstruktion nichts mehr geändert. Diesen Sattel gab es meines Wissens nur in einer einzigen Größe, die allerdings jedem Pferd paßt. Die Sättel werden von einigen englischen Firmen auch heute gefertigt, da es in Großbritannien noch immer berittene Heereseinheiten gibt. Das Sattelzubehör ist ebenfalls noch zu bekommen. Wer einen Besuch in Großbritannien macht, kann diesen eventuell zum Einkauf nutzen. Der Neupreis der Sättel lag vor einigen Jahren bei etwa 500 DM, gebrauchte Sättel sind wesentlich billiger. Es lohnt sich, außer bei Sattlern auch in Second-Hand-Shops danach zu suchen. Desgleichen gibt es die Möglichkeit, auf Pferdesportmessen den Nachbau eines solchen Sattels zu erwerben (um 200 DM); doch ist hier sehr auf Qualität und Verarbeitung zu achten, die manchmal alle Wünsche offen lassen.

Ungewohnt für unsere Augen ist das Aussehen des Sattels, der lange Sitz, die V-förmige Sattelgurtbefestigung und das geringe Gewicht (unter 5 kg). Sinn der V-förmigen Sattelgurtbefestigung ist es, dem Sattel eine besonders ruhige Lage auf dem Pferderücken zu ermöglichen. Nachteilig am langen Sitz ist, daß er schlechten Reitern erlaubt, sich so weit nach hinten zu setzen, daß Satteldruck im Bereich der Hintertrachten auftreten kann. Wie bei Militärsätteln üblich, werden die Packtaschen vorn und der Mantelsack hinten befestigt. Der Mantelsackträger ist übrigens als vorbildlich zu bezeichnen.

Englischer Offizierssattel.

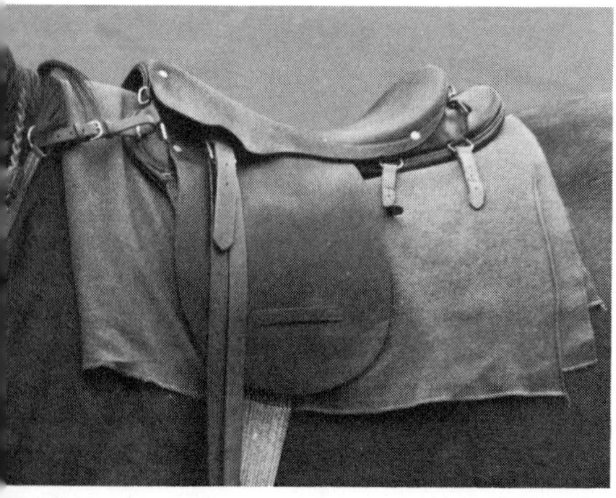

Der englische Offizierssattel (Staff, Yeomanry and Colonial Saddle)

Dieser Sattel wird ebenso wie der Universal Pattern heute noch hergestellt und ist bei Polizei und Kavallerie im Einsatz. Die Royal Canadian Mounted Police verwendet ihn ebenfalls. Vom Aussehen her ist er dem zivilen Trachtensattel sehr ähnlich, jedoch in Sachen Stabilität, Zweckmäßigkeit und Verarbeitung wesentlich besser. Allerdings ist der Preis weit höher als bei jenem. Passende Vorderpacktaschen zum Sattel sind in Großbritannien auch heute noch zu erhalten. Statt eines großen Mantelsackträgers hat er an der Rückseite des Sitzes vier eiserne Krampen, mittels derer ein nicht allzu großer Mantelsack sicher schwebend über dem Pferderücken befestigt werden kann. Da an beiden Seiten der Hintertrachten noch Ringe zum Anschnallen weiterer einzelner Packtaschen vorhanden sind, eignet sich dieser Sattel zum Wanderreiten sehr gut. Ich hatte selbst einen solchen Sattel jahrelang in Gebrauch. Er zeichnete sich durch einen wunderbar weichen, tiefen Sitz aus, der es auch ohne Bauschen an den Sattelblättern ermöglichte, selbst auf einem steigenden oder bockenden Pferd oben zu bleiben.

Der Schweizer Armeesattel

Nach Auflösung der letzten berittenen Truppen in der Schweiz kam eine ganze Menge dieser Sättel einschließlich Zubehör auf den Markt. Der Schweizer Offizierssattel ähnelt dem englischen Offizierssattel, hat aber im Gegensatz zu diesem einen zusätzlich anschraubbaren hohen Mantelsackträger, was gewiß von Vorteil ist. Eigene Erfahrungen konnte ich mit diesem Sattel bisher nicht sammeln, weiß aber aus den Aussagen anderer Reiter, daß er sich im harten Gebrauch ebenso gut bewährt wie alle anderen Militärsättel.

Der (zivile) Wander- oder Trachtensattel

Bei diesen, den englischen Offizierssätteln sehr ähnlichen Modellen gibt es, wie bereits gesagt, sehr große Qualitätsunterschiede, so daß man beim Kauf auf der Hut sein muß. Auch Markenfabrikate sollte man vor dem Kauf gründlich prüfen. Ein recht bekannter Schwachpunkt ist die Anbringung der Packtaschenringe, die häufig nicht stabil genug ist. Weiterhin ist fast immer das Fehlen eines Mantelsackträgers zu bemängeln. Da das Anbringen von Vorderpacktaschen nicht möglich ist, wird dieser Sattel – ebenso wie der Westernsattel – in beladenem Zustand sehr hecklastig, was die Gefahr von Trachtendruck mit sich führt. Viele dieser Sättel haben einen »falschen Sitz«, der zu Stuhlsitz oder anderen Sitzfehlern führt. Auch bringen die Pauschen an den Sattelblättern nicht viel. Leider kann man, ohne den Sattel völlig zu zerlegen, nie sehen, ob der Sattelbaum überhaupt stabil genug gearbeitet ist. In einem Fall habe ich selbst miterlebt, wie ein Sattel vorne immer weiter wurde. Beim Zerlegen stellte sich dann heraus, daß statt eines massiven Kopfeisens nur zwei dünne Bleche zur Verstärkung eingearbeitet waren. Gibt der Hersteller eine Garantie auf die Haltbarkeit des Baumes, so braucht man sich diesbezüglich den Kopf nicht zu zerbrechen. Langfristig gesehen ist es auch hier immer billiger, Qualität zu kaufen.

Der Westernsattel

Vor Billigfabrikaten sei gewarnt; jeder gute und ordentlich gebaute Sattel hat seinen Preis! Er liegt bei 1000 DM und mehr, je nach Verarbeitung und Hersteller. Beim Kauf ist stets eine genaue Prüfung angebracht; billigere Sättel müssen nicht unbedingt schlecht sein, ebenso wie der teurere Sattel nicht unbedingt der bessere sein muß.
Ein guter Westernsattel wiegt etwa 15 bis 25 kg. Der Sattel muß so schwer sein, wenn er der Belastung beim Rinderfangen gewachsen sein soll. Da in dem riesigen Land ein ziemlich großes Reservoir an Pferdematerial zur Verfügung stand, war es möglich, öfters die Pferde auszuwechseln. Dies machte Änderungen und Verbesserungen am Sattel nicht nötig; wichtig war in erster Linie, daß der Sattel für den Reiter bequem und für seinen Zweck, die Vieharbeit, voll tauglich war. Die Kavallerie im Gelände aber hatte in der Regel kaum eine Möglichkeit, ausgefallene Pferde zu ersetzen; das Sattelzeug mußte daher möglichst pferdeschonend konzipiert werden. Das ist auch bei TYLDEN nachzulesen, der schreibt, daß Militärsättel andauernd verbessert, getestet und wieder verbessert wurden. Paßte der Sattel des Cowboys dagegen nicht genau auf den Pferderücken, so wurde dies durch dicke Unterlagen ausgeglichen. Hätte man die Pferde statt zur Vieharbeit zu langen Märschen mit Gepäck gezwungen, so wäre Satteldruck die unausweichliche Folge gewesen. Als Beispiel, welches diese Vermutung stützt, sei erwähnt, daß die Royal Cana-

dian Mounted Police versuchsweise eine Zeitlang Westernsättel benützte, sie aber sehr schnell durch den englischen Colonial Saddle ersetzte, da sich erstere für diesen Zweck nicht eigneten.
Bei uns kann man davon ausgehen, daß die Sättel ordnungsgemäß dem Pferd individuell verpaßt und mit einer guten Unterlage versehen werden. Dennoch sind sie im beladenen Zustand nicht ideal fürs Wanderreiten, da die Gewichtsverteilung beim Westernsattel ungünstig ist. Sein tiefster Punkt ist ohnehin recht weit hinten. Kommt nun das gesamte Gepäck ebenfalls hinten an den Sattel (Packtaschen, Mantelsack), wird der Sattel recht hecklastig. Um dies auszugleichen, wären Vorderpacktaschen gut, diese sind aber meines Wissens im Handel nicht erhältlich. Ersatzweise kann man zwar beispielsweise die Futterbeutel vorn am Horn des Sattels anschnallen; werden diese jedoch leer, dann fehlt das Ausgleichsgewicht wieder.
Ebenso kann man auch über das Horn des Westernsattels geteilter Ansicht sein. Zum Viehfangen war es natürlich nötig, beim Klettern und Springen aber ist es voll im Weg, falls man mit dem Oberkörper nach vorn mitgehen will. Andererseits kann man alle möglichen Gegenstände daran befestigen, vorausgesetzt, es ist wirklich stabil. Bei Billigsätteln ist das Horn mit dem Sattelbaum nur mit vier kleinen Schräubchen verschraubt. Leider merkt man dies erst später. Erfreulicherweise werden inzwischen für das Freizeitreiten auch Westernsättel ohne Horn gebaut. Diese Entwicklung dürfte auf die amerikanischen Distanzreiter zurückzuführen sein. Doch auch bei diesem Sattel liegt der tiefste Punkt des Sitzes weit hinten.
Bei Verwendung des Westernsattels ist folgendes zu beachten, wenn man ihn mit Erfolg zum Wandern benutzen will.

- Der Sattelgurt darf nie zu weit vorn sein, sonst gibt es Scheuerstellen. Faustregel wie bei jedem anderen Sattel: Eine Faustbreit Raum zwischen Ellbogengelenk des Pferdes und Gurt.
- Der Ring oder die Schnalle des Sattelgurtes darf nie direkt auf der Haut des Pferdes aufliegen, sonst gibt es Scheuerstellen. Entweder muß die Decke darunterreichen oder man verwendet einen der neuen Sattelgurte, bei denen die Schnalle unterlegt ist.
- Beim Beladen auf den Ausgleich der Last in der Längsrichtung des Sattels achten.
- Das Vorderzeug muß in den Cinchring des Sattels eingeschnallt werden, nie in den Sattelgurt, da dieser sonst nach vorne gezogen wird.
- Immer muß eine dicke, weiche Unterlage verwendet werden. Dünne Indianerdecken allein genügen nicht.
- Packtaschen dürfen nie direkt auf der Haut aufliegen, sondern sollten auf die Satteldecke zu liegen kommen. Es besteht sonst die Gefahr, daß das Pferd sich wundscheuert. Ein Bauchgurt an den Packtaschen ist wichtig, da er sie am Hin- und Herrutschen hindert. Wird nur Schritt geritten, so kommt man ohne Bauchgurt aus.
- Vorsicht bei harten, steifen Vorderzeugen. Diese scheuern leicht, wenn sie nicht 100%ig genau verpaßt werden.

Der McClellan Sattel

Dieser Sattel wurde 1864 in der amerikanischen Armee eingeführt und scheint sich auch gut bewährt zu haben. Für uns sieht er recht seltsam aus, da der Sitz in der Mitte offen ist und der Reiter somit direkt auf der Sattelunterlage sitzt. Der Sattelgurt ist V-förmig befestigt, ähnlich wie beim englischen Militärsattel, wodurch er recht ruhig auf

dem Pferderücken liegt. Allerdings wird beim McClellan Sattel der Gurt wie beim Westernsattel mit einem Cinchknoten befestigt.
Der ungewöhnliche Sitz soll für den Reiter sehr angenehm sein. Positiv zu beurteilen ist das geringe Gewicht des Sattels und die Tatsache, daß er in Verbindung mit einer dicken Satteluntерlage so gut wie jedem Pferd paßt.
Nicht bekannt ist mir, ob man für diesen Sattel noch das Originalzubehör wie Packtaschen etc. erhält. Nachteilig ist der ziemlich hohe Preis (mit etwa 1000 DM muß man rechnen).
Inzwischen gibt es auch Weiterentwicklungen des McClellan Sattels mit geschlossenem Sitz und mit Fenders wie am Westernsattel, wodurch er an heutige Anforderungen angepaßt ist. Der Sattel mit geschlossenem Sitz ist allerdings noch um etwa 500 DM teurer als Originalnachbauten.

Der Vielseitigkeitssattel

Ein normaler, guter Vielseitigkeitssattel eignet sich für alle Ritte mit wenig Gepäck. Wenn das Pferd abnimmt oder die Polster des Sattels sich setzen, besteht jedoch immer die Gefahr, daß der Sattel auf dem Widerrist aufliegt und so Satteldruck verursacht. Regelmäßige Kontrolle auf genügend »Luft« in der Kammer ist also wichtig. Der Vorteil liegt beim Vielseitigkeitssattel darin, daß der Reiter wesentlich näher am Pferd sitzt als beim Bocksattel. Auch ist der Sitz weicher und für den ungeübten Reiter angenehmer als bei allen Sätteln militärischer Herkunft.
Natürlich kann jeder Sattel nachträglich mit Ringen und Ösen oder sogar mit einem Mantelsackträger versehen werden. Dieser Umbau muß aber unbedingt vom Fachmann durchgeführt werden und ist nicht gerade billig. Nicht jeder Sattel ist der zusätzlichen Belastung

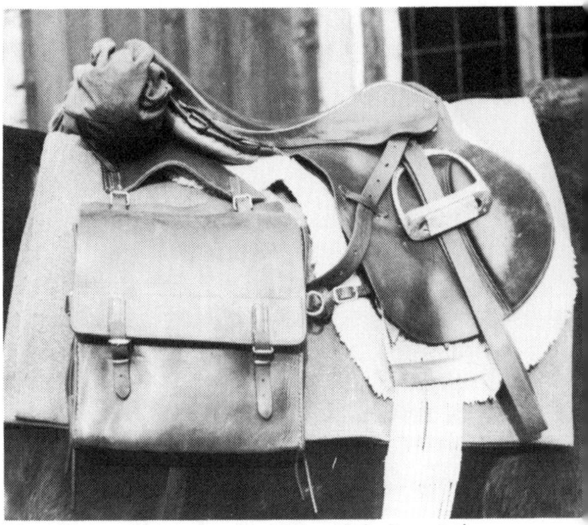

Eigenbaupacktasche am Vielseitigkeitssattel.

durch Gepäck gewachsen, sei es durch seine generelle Konstruktion oder aber weil er nicht stabil genug gebaut ist. Von diesem Punkt einmal abgesehen, ist die Auflagefläche des Vielseitigkeitssattels viel kleiner als bei Militärsätteln, was – wie schon gesagt – die Gefahr von Druckschäden beim Pferd erhöht.

In jedem Fall ist davon abzuraten, bei einem Wanderritt einen nagelneuen Sattel einzusetzen. Ein neuer Sattel braucht einige Zeit, bis er sich dem Pferderücken genau angepaßt hat. Um dies zu beschleunigen, legt man den Sattel zu Anfang ohne Satteldecke auf und reitet das Pferd einige Male so lange, bis es schwitzt. Dies erleichtert die Anpassung der Sattelpolster an den Pferderücken. Später wird der Sattel dann immer mit Unterlage verwendet. Auch das Reitergesäß muß den Sitz des Sattels entsprechend formen und »weichreiten«. Beschleunigen kann man diesen Vorgang durch Behandeln des Sitzes mit Fett und anderen Mitteln, wie zum Beispiel warmer Milch. Erwähnt sei an dieser Stelle, daß ein neu-

er Vielseitigkeitssattel in der Regel ein Vierteljahr braucht, um für den Reiter bequem zu werden; beim Militärsattel kann es ein ganzes Jahr dauern – bei täglichem Reiten!
Zu jedem Pferd gehört immer ein eigener Sattel, wie zu jedem Pferd eigentlich nur ein einziger Reiter gehören sollte! Eine ganz üble Unsitte ist es, einen Sattel auf verschiedenen Pferden zu verwenden oder aber Sättel herzuleihen. Wollte man hier sparen, hieße dies wirklich am falschen Platz gespart.

Zum Wanderreiten nimmt man den Sattel, den man jeden Tag im Gebrauch hat und mit dem man das Training absolviert hat. Regelmäßige Kontrolle des Sattels auf seinen ordnungsgemäßen Zustand, sofortige Reparatur (Sattelbaum, Strupfen, Polsterung, Sitz etc.) und richtige Pflege sind unumgänglich.

Abschließend noch ein Tip: Wer sehen will, welche Sättel stabil und gut sind, der sollte sich auf Ponyhöfen und ähnlichen Betrieben umhören; dort ist das Sattelzeug im harten Einsatz täglich im Betrieb, ohne in der Regel viel Pflege zu genießen.

Die Sattelunterlage

Führt man Gepäck auf dem Pferd mit sich, so ist eine große, dicke, saugfähige Sattelunterlage nicht zu umgehen, da es sonst unweigerlich zu Scheuerstellen und Satteldruck kommt.
Beim Militär war früher allgemein der *Woilach,* eine etwa 2 × 2 m große Wolldecke, in Gebrauch. Er wurde sechslagig verwendet und so aufgelegt, daß seine offene Seite hinten links zu liegen kam. Der einschlägige Reitsporthandel bietet heute wieder Woilache an. Der Preis bewegt sich zwischen 100 und 200 DM, ist also recht hoch. Zu achten ist beim Kauf auf gute Qualität, da schlechtes Gewebe sehr schnell verschleißt. Ab und zu kann man auch noch Armeedecken entsprechender Größe bei Firmen finden, die alte Armeebestände verkaufen; allerdings ist dies Glückssache. (So hatte ich einmal das Glück, fast neuwertige Decken von 190 × 250 cm Größe für knapp 20 DM zu bekommen.) Wie der Woilach gefaltet wird, zeigen die gegenüberliegenden Abbildungen.
Amerikanische Armeewolldecken sind ein sehr guter Ersatz. Sie sind 160 × 200 cm groß und werden vierlagig verwendet. Das offene Ende der gefalteten Decke kommt ebenfalls links hinten zu liegen. Ein gutes Einkammern (Hochziehen der Decke in die Sattelkammer) ist wie beim Woilach sehr wichtig.
Vor dem Auflegen des Sattels ist auf eine faltenfreie Lage der Satteldecke zu achten. Am besten streicht man sie mit der flachen Hand glatt, da man so Falten am ehesten spürt. Ebenso muß die Decke sauber und frei von Steinchen, Stroh und kleinen Zweigen sein. Ist eine Seite zu sehr verschwitzt oder verschmutzt, so wird die Decke anders zusammengelegt, so daß eine saubere Seite auf dem Pferdekörper zu liegen kommt. Ist die Decke schließlich gleichmäßig verschmutzt, so lohnt sich das Waschen wirklich. Die zum Trocknen aufgehängte Decke ist viel schneller wiederzuverwenden als Filzunterlagen, die recht lange brauchen, um trocken zu werden. Auf einem Ritt kann man im Quartier die Decke über Nacht immer irgendwie unter Dach zum Trocknen aufhängen. Das ist wichtig, denn nasse Satteldecken verursachen viel leichter Satteldruck als trockene!
Außer als Satteldecke kann der Woilach zum Eindecken des Pferdes an kalten

US-Decke vierlagig

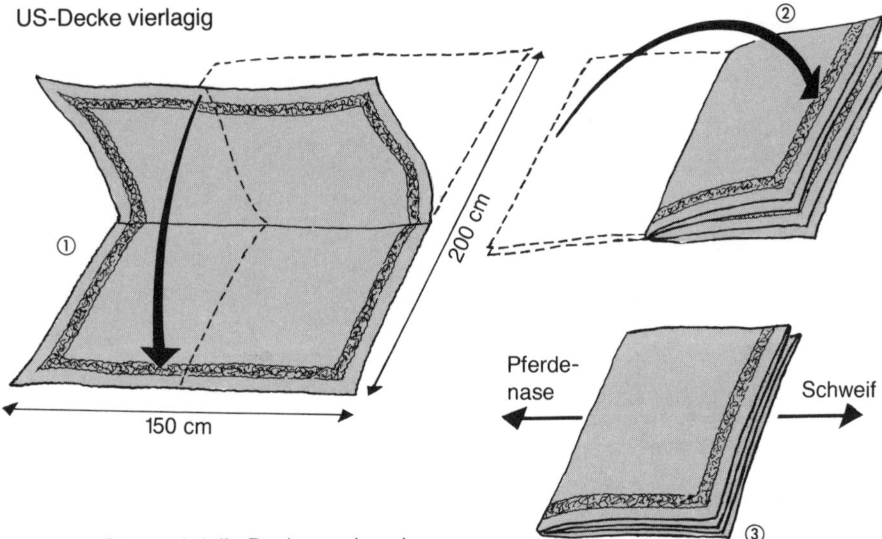

Fertig gefaltet, wird die Decke an den oberen Ecken gefaßt und von links auf das Pferd gelegt. Das gilt für die US-Decke wie für den Woilach.

Woilach sechslagig

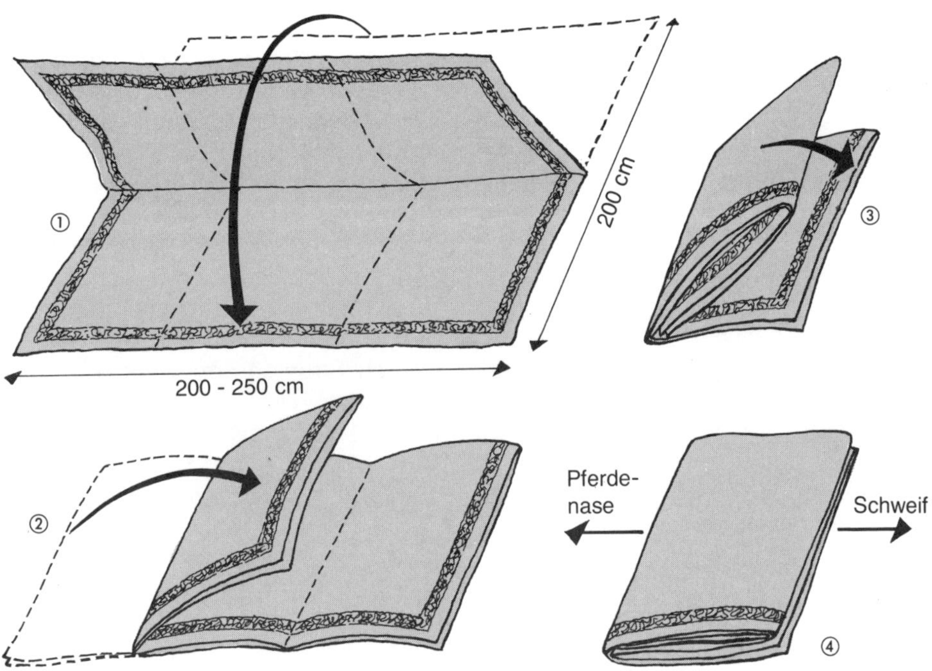

Tagen dienen. Als Schlafdecke für den Reiter empfiehlt er sich dagegen weniger, da er intensiv nach Pferd riecht; notfalls fällt dies jedoch kaum ins Gewicht.

Hingewiesen sei auf die Möglichkeit, unter den Sattel zwei Decken übereinander zu legen. Die obere dient dann als Schlafdecke, die untere als Pferdedecke. Hat die obere Decke noch einen Reißverschluß, wie manche Militärdekken, so dient sie in warmen Sommernächten als guter Schlafsackersatz. Wenn es kalt wird, kann man die andere Decke zusätzlich darüberlegen. Bei Verwendung zweier Decken gleichzeitig ist deren faltenfreie Lage auf dem Pferd natürlich ganz besonders wichtig.

Ist der Sattel über dem Widerrist nicht mehr hoch genug – sei es, weil die Polsterung sich zusammengedrückt oder weil das Pferd unterwegs abgenommen hat –, so kann man den Woilach etwa 15–20 cm weit zurückschlagen. *Dies darf aber nur eine vorübergehende provisorische Abhilfe sein!*

Stellt man an einer Stelle Satteldruck fest – und sei er noch so gering –, so kann man bei Verwendung einer Filzsatteldecke in Höhe der Druckstelle ein Loch in den Filz schneiden. Besser ist bei jedem Fall von Satteldruck, ihn sachgemäß versorgen zu lassen und das Pferd bis zur völligen Ausheilung des Schadens nicht mehr zu reiten. Satteldruck muß überhaupt nicht sein, wenn das Pferd richtig konditioniert und das Sattelzeug in Schuß gehalten wird!

Als Behelf bei nichtpassendem Sattelzeug können kleine »Sattelpads«, auch als »Widerristpolster« bezeichnet, *nicht* dienen. Bestenfalls sind sie als kurzfristiger Notbehelf anzusehen, verteilen sie doch den Druck nur auf der Wirbelsäule des Pferdes, statt ihn von dort wegzunehmen. Langfristig *führen sie zu Druck!* Aufpolstern ist hier nötig.

Sogenannte *Wanderschabracken* und ähnliche Konstruktionen mit eingearbeiteten Satteltaschen sind zwar für kurze Ritte gut geeignet, für lange Wanderritte aber unpraktisch, da die Taschen weder abnehmbar noch für schnelles Reiten gedacht sind.

Normale *Filz- und Lammfellunterlagen* werden in der Praxis täglich verwendet. Sie sind aber für Gepäckritte schlecht, da sie zu klein sind (Packtaschen liegen direkt auf dem Pferd auf) und in der Regel viel zu langsam trocken werden, wenn sie einmal verschwitzt sind.

Zum Wanderreiten würde ich immer einer Armeedecke oder dem Woilach den Vorzug geben, da diese, wie schon besprochen, gegenüber normalen Satteldecken zahlreiche Vorteile aufweisen und wesentlich vielseitiger zu verwenden sind. Und je vielseitiger ein Ausrüstungsgegenstand ist, desto mehr spart man an Gewicht!

Zwar keine Sattelunterlage, aber doch im Winter sehr nützlich und bequem sind *Lammfellüberzüge für den Sattel.* Einerseits wird der Sattel damit wesentlich wärmer, zum anderen sitzt man viel sicherer als ohne diese Unterlage. Für Vielseitigkeitssättel gibt es die Überzüge in gut sortierten Reitsportgeschäften fertig zu kaufen; bei Militärsätteln passen sie in der Regel nicht. Abhilfe schafft ein echtes Schaffell, das mit einem Obergurt und eventuell noch mit kleinen Strupfen über dem Sattel befestigt wird. Unter Umständen ist das Naturfell sogar billiger als die Synthetikfelle. Nachteilig am Fell, das mit dem Obergurt gehalten wird, ist, daß man den Sattel nicht mehr nachgurten kann, ohne den Obergurt vorher zu lösen. Der Obergurt ist im Handel nicht erhältlich und muß deshalb vom Sattler nach Maß angefertigt werden. Zum Maßnehmen nimmt man eine Schnur, deren Länge man nach Anlegen abmißt.

Der Sattelgurt

Bei uns haben sich die sog. unzerreißbaren Sattelgurte aus vierfachen Zügelgurten sehr gut bewährt. Baumwollgurte und solche aus Eisengarn sind ebenfalls geeignet. Von schmalen Nylongurten ist entschieden abzuraten, da sie häufig der Grund für Gurtendruck sind. Ledersattelgurte sind gut, solange sie sauber- und weichgehalten werden. Sind sie hart und rissig, so scheuern sie; außerdem besteht dann Bruchgefahr. Für einen langen Ritt über mehrere Wochen sind sie wohl kaum zu empfehlen. Gurtenschoner bieten sich bei empfindlichen Pferden an. Sind sie schmutzig geworden, so kann man sie leicht abnehmen und waschen.
Immer sollte der Gurt so breit und weich wie nur möglich sein. Des weiteren muß er sauber und trocken sein, da er sonst zu Druck Anlaß gibt. Nasse, schmutzige Gurte werden unterwegs abends zum Trocknen aufgehängt und morgens mit einer Wurzelbürste gesäubert. Waschen ist besser, aber nur, wenn der Gurt über Nacht trocken wird. Das muß man einmal ausprobieren.
Wie fest der Gurt zu verschnallen ist, muß jeder Reiter bei seinem Pferd selbst wissen. Auch ein Nachgurten ist von Fall zu Fall erforderlich. Dies kann schwierig werden, wenn auf den Sattel Vorderpacktaschen aufgeschnallt sind. Am besten geschieht dies vor dem Befestigen der Packtaschen. In der Regel sollte man eine flache Hand unter den angezogenen Gurt schieben können. Es gibt aber auch Westernreiter, deren Sattelgurt so lose ist, daß er durchhängt, wenn sie auf Strecke gehen. Ein Aufsitzen muß dann natürlich mit Schwung erfolgen, will man den Sattel nicht aus seiner richtigen Lage verziehen. Ein zu fest angezogener Sattelgurt kann aber auch die Atmung behindern. Man bemerkt dies in Pausen nach größeren Anstrengungen, wenn man den Gurt lockert. Für einen festen Sitz des Sattels sind Vorderzeug und Schweifriemen bessere Hilfsmittel als ein unmäßig angezogener Sattelgurt!
Vom Lockern des Sattelgurtes bei Führstrecken halte ich wenig. Dies stellt eine recht zweifelhafte Erleichterung dar, wenn andererseits der Gurt noch so fest verschnallt ist, daß Sattel und Dekke nicht nach hinten rutschen. Ist der Gurt aber so locker, daß dem Pferd das Schnaufen merklich leichter wird, so rutscht unweigerlich die Decke nach hinten weg. Wird dann beim Reiten in hügeligem Gelände der Sattel nicht mit Vorder- und Hinterzeug gesichert, so rutscht auch dieser. Das bedeutet letzten Endes, daß abgesattelt und neu aufgesattelt werden muß – ein unnötiger Arbeitsaufwand, ganz abgesehen von der Gefahr, daß das Pferd vor dem verrutschten Sattel scheuen kann.

In jedem Falle ist es besser, eine Pause einzulegen und den Gurt zu lockern oder abzusatteln, als das Pferd mit gelockertem Gurt zu führen.

Vorderzeug und Schweifriemen

Beim Reiten in bergigem Gelände mit vollem Gepäck ist ein gut sitzendes *Vorderzeug* durch nichts zu ersetzen. Im Flachland kommt man auch ohne ihn aus. Es wird so verschnallt, daß zwischen dem Vorderzeug und der Brust des Pferdes noch gut eine Handbreit Luft bleibt. Weniger behindert das Pferd in der Bewegung, mehr macht seine Wirkung zunichte. Zu unterscheiden sind prinzipiell zwei Vorderzeugtypen:

1. Das Brustblattvorderzeug, das bei Westernsätteln oft und bei Rennsätteln ab und zu verwendet wird. Es wird in den Sattelgurt bzw. beim Westernsattel in den Cinchring eingeschnallt.
2. Das englische Jagdvorderzeug. Es wird zweimal vorn am Sattel sowie im Gurt zwischen den Pferdebeinen eingeschnallt. Des öfteren hat es noch eine Schlaufe für das Martingal. Das deutsche Armeevorderzeug stellt eine vereinfachte Version davon dar: Dieses hat ein herzförmiges Mittelstück und wird durch die Dreiecksringe vorn am Bocksattel durchgeschlauft.

Schweifriemen sind bei Pferden mit guter Sattellage im Normalfall überflüssig. Bei stämmigen Ponys, jungen Pferden ohne Sattellage und untrainierten Pferden kann es aber schon vorkommen, daß der Sattel beim Bergabreiten nach vorne rutscht. Eine Folge dieses Rutschens kann sein, daß dadurch der Sattelgurt nach vorn verzogen wird und am Ellbogen des Pferdes scheuert. Unter Umständen kann sein Gebrauch also schon sinnvoll sein, ganz besonders in steilem Gelände. Ein Packpferd dagegen braucht, wie schon oben erwähnt, immer Vorder- und Hinterzeug.

Packtaschen

Die Packtaschen müssen groß genug, robust und unverrückbar am Sattel zu befestigen sein. In gepacktem Zustand muß die rechte genauso schwer wie die linke sein, da andernfalls der Sattel ungleich belastet wird. Es empfiehlt sich deshalb, die Packtaschen vor dem ersten Ritt zu wiegen. Dabei sollte man auch im Auge behalten, daß die Taschen unterwegs leichter werden, da ja die eigene Verpflegung oder Pferdefutter verbraucht wird, um nur diese beiden Dinge zu nennen. Dies gilt es unbedingt schon beim Packen zu berücksichtigen, indem z. B. die Haferration in entsprechend viele Säckchen (Früh- und Abendfutter) verpackt wird.
Der Inhalt der Packtaschen muß auf alle Fälle fest verstaut sein, da lose herumfliegendes Werkzeug, Hufeisen oder Kameras sehr viel Schaden anrichten können. Lebensmittel müssen so untergebracht werden, daß nichts auslaufen kann. Man denke hier nur an Margarine, die sich verflüssigen und den ganzen Packtascheninhalt durchsetzen kann! Für solche Dinge sollte man fest schließende Behälter mit Schraubverschluß oder aber Nahrungsmitteltuben verwenden. Überhaupt empfiehlt es sich, den Inhalt der Packtaschen in verschiedenfarbige Leinwandsäckchen – je nach Verwendungszweck geordnet – unterzubringen: Waschzeug, Medizin, Putzzeug, Reservekleidung kommen in je ein Säckchen, so daß alles mit einem Handgriff gefunden werden kann. Diese Säckchen kann man selbst nähen (alte Zelte stellen ein billiges Material dar, das sehr haltbar ist) oder aber bei einschlägigen Geschäften kaufen.
Eine feste Packordnung sollte man immer einhalten, da sie erstens das Suchen (oder besser: das Finden) erleichtert und zweitens auf diese Weise so leicht nichts vergessen wird. Was ständig gebraucht wird, kommt ohnehin in die Hosen- und Jackentaschen bzw. in die Kartentasche. In den Packtaschen kommen die meistgebrauchten Gegenstände zuoberst, selten gebrauchte Sachen zuunterst zu liegen. Weiche Gegenstände sollen auf der Pferdeseite liegen, harte Gegenstände wickelt man eventuell in Kleidungsstükke ein. Da auf Dauer keine Packtasche wasserdicht ist, auch wenn sie mit Fett

oder Sattelseife behandelt wird, schadet es nie, zuerst eine große starke Plastiktüte in die Packtasche zu stecken und in dieser alles unterzubringen. So bleibt alles trocken, auch wenn man mit dem Pferd ein unfreiwilliges Bad im Bach nehmen sollte. Das kann schneller passieren, als man glaubt, wie der Verfasser vor einigen Jahren selbst feststellen mußte. Seit diesem Erlebnis wird alles wasserdicht verpackt!
Aus welchem Material die Packtaschen bestehen, ist eine Frage des Preises und des Gebrauchszweckes. Wer öfters mit dem Pferd unterwegs ist, der ist mit handgenähten Lederpacktaschen am besten beraten, da diese bei guter Pflege ein Leben lang halten. Segeltuch ist ebenfalls recht stabil. Abzuraten ist in der Regel von Kunstleder, da dieses auf Dauer nicht hält. Erwähnt sei, daß man auf recht billige Art aus alten Fahrradpacktaschen, Brotbeuteln und Packtaschen aus Militärbeständen recht brauchbare Sattelpacktaschen herstellen kann, die sich auch langfristig bewähren. Wichtig ist deren gute Verbindung mit dem Sattel und ein Bauchgurt. Mit etwas handwerklichem Geschick und der eventuellen Hilfe eines Sattlers oder Schuhmachers kommt man mit wenig Geld sehr weit. – Im folgenden einige Beispiele für Packtaschen:

Heerespacktaschen zum Bocksattel

Im ersten Weltkrieg war die rechte mit der linken Packtasche untrennbar zusammengenäht; später wurden sie mit Steckern verbunden (Modell 1926) und die rechte Packtasche diente als Sturmgepäck. Die neueste Ausführung stammt aus dem Jahre 1934 (Modell 34). Die Packtaschen wurden an den vier Eisenbügeln vorn am Sattel befestigt; mit solcherart befestigten Taschen konnte man auch galoppieren, ohne Angst zu haben, die Hälfte zu verlieren! Die linke Packtasche hatte eine Hufeisenvortasche; in ihr befand sich das »Pferdegepäck«, in der rechten das »Reitergepäck« einschließlich Kochgeschirr. Inhalt der Taschen und die Packordnung sahen so aus:

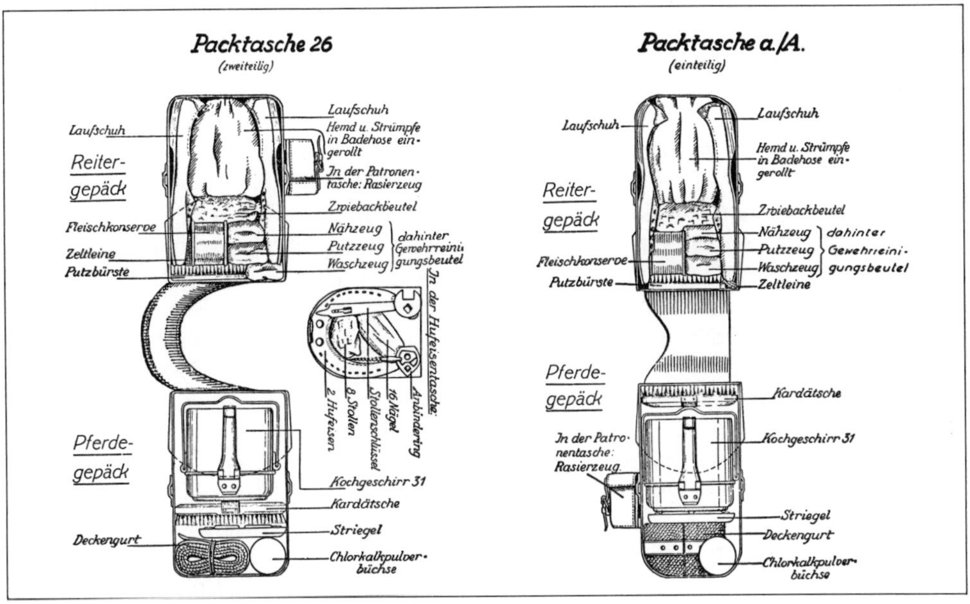

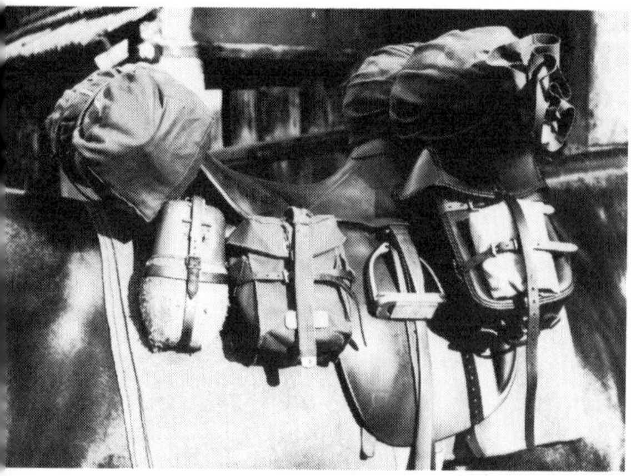 

So werden die Packtaschen am Sattel befestigt. Links: Beladener Bocksattel (rechte Seite). Bei der ehemaligen deutschen Kavallerie waren rechts und links Karabiner bzw. Säbel angeschnallt. Rechts: Hier ist der beladene Bocksattel von der linken Seite zu sehen.

Normale Doppelpacktaschen

Diese Packtaschen werden hinter dem Sattel angeschnallt. Es gibt sie in allen möglichen Ausführungen und Preisklassen, von etwa 100 bis über 400 DM. Normalerweise werden diese Taschen nur mit zwei Verbindungsstrupfen am Sattelgurt gesichert. Dies reicht aber nicht aus, um die Taschen daran zu hindern, während der Bewegung nach oben bzw. unten zu wandern. Auch durch präzises Auswiegen des Packtascheninhaltes ist da wenig zu machen. Besser wird es, wenn man *die Packtaschen direkt fest mit dem Sattel verbinden* kann. Dazu können entweder beiderseits die Taschen mit Ösen an den Hintertrachten des Sattels angehängt oder das Zwischenstück mit dem Schweifriemenring des Sattels (soweit vorhanden) verschnallt werden. Dann ist die Stabilität wesentlich höher als im Urzustand der Packtaschen.

Darauf achten sollte man, daß die Packtaschen mit einem Bauchgurt ausgestattet sind. Dieser ist wichtig, um die Taschen am Scheuern oder Hin- und Herfliegen zu hindern. Eventuell kann am unteren Ende der Packtaschen auch nachträglich ein halbrunder Ring angebracht werden, an dem man mit einem Cinchknoten (s. nebenstehende Abbildung; dieser Knoten dient zur Befestigung des Sattelgurtes am Westernsattel) ein Stück Gurtenband als Bauchgurt befestigt. Noch einfacher und besser ist die Verwendung eines rund um Packtaschen und Pferd laufenden Obergurtes, der zusätzlich den Inhalt der Taschen fest zusammenhält. Ein Sattler kann diesen Gurt recht einfach herstellen. Eventuell sollte man an den Packtaschen ein paar Schlaufen anbringen lassen, durch die dieser Gurt gezogen wird, damit er nicht verrutscht. Nachteilig ist, daß man dann nur noch schlecht an den Inhalt der Packtaschen herankann, da der Obergurt vorher erst geöffnet werden muß.

Des weiteren ist es möglich, auf das Zwischenstück der Packtaschen ein paar Schlaufen nähen zu lassen, an denen man mittels kurzer Riemchen einen Regenumhang oder Reitmantel aufschnallen kann. Allerdings darf es sich dabei nur um wirklich leichte Ausrüstungsgegenstände handeln, da diese ja direkt auf der Wirbelsäule des Pfer-

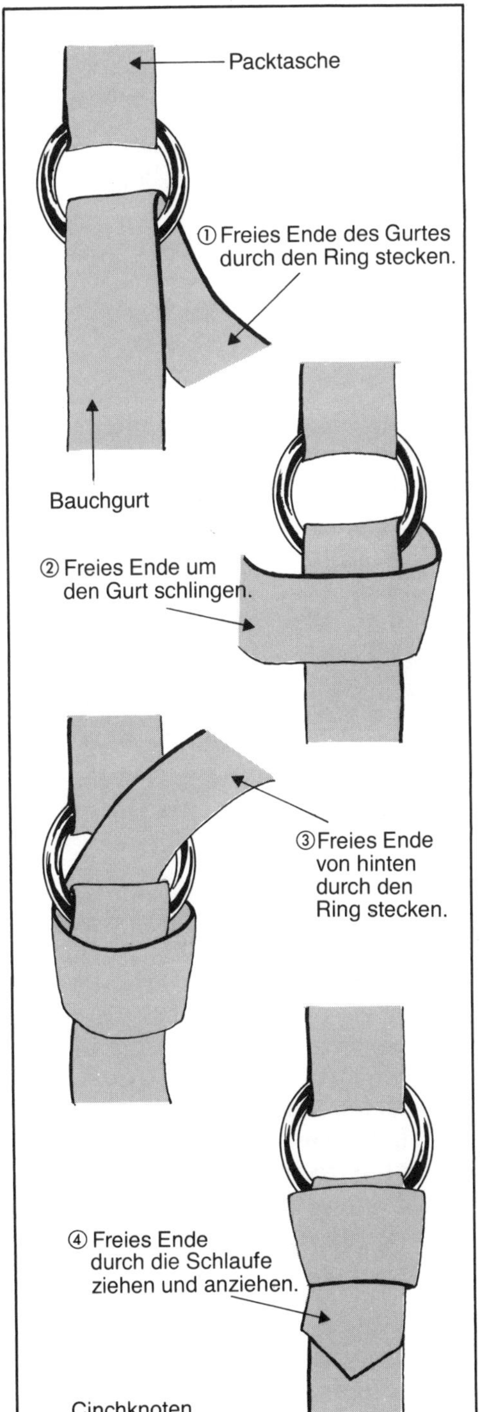

Cinchknoten

Eigenbaupacktaschen als Packsattelersatz. Die Packtaschen werden an die Krampen des Sattels angeschnallt. Durch eine Steckverbindung werden die Taschen miteinander verbunden.

Vorderpacktaschen am Militärsattel:

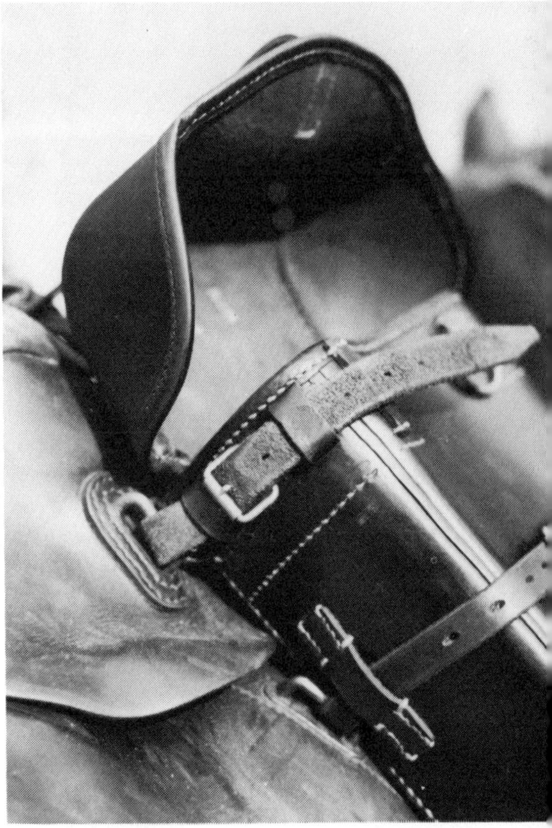

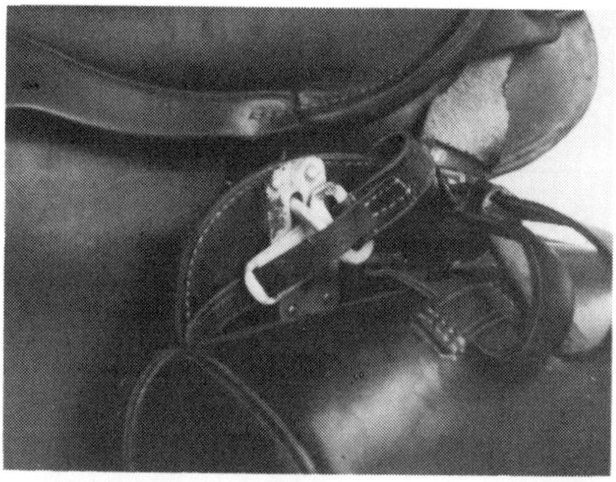

Hinterpacktaschen: Am Militärsattel lassen sich die Vorderpacktaschen auch hinten befestigen. Wo die Trachten und das Sattelblatt zusammenstoßen, befindet sich beiderseits ein Ring. Hakt man in diesen einen Feuerwehrkarabiner, so kann man hier mittels der Steckverbindung die Vorderpacktaschen befestigen.

Hat man die Vorderpacktaschen schon hinten befestigt, so kann man auch die Kartentasche links mit aufschnallen.

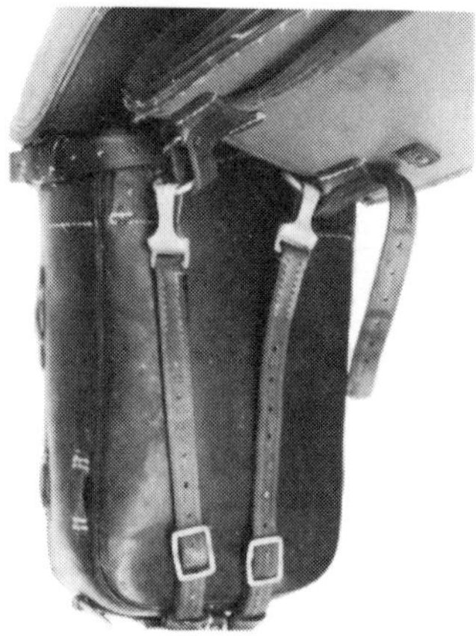

des aufliegen. Eine dicke Sattelunterlage, die bis unter das Zwischenstück der Packtaschen reicht, ist sowieso unerläßlich, da das Gewicht der Packtaschen voll auf die Wirbelsäule des Pferdes wirkt.

Günstiger sind in jedem Falle Packtaschen, die direkt mit dem Sattelbaum verbunden sind.

Einzelpacktaschen

Im Handel werden auch einzelne Packtaschen angeboten, die durch zwei Schnallen direkt mit dem Sattel zu verbinden sind. Ein zusätzlicher Strupfen dient der Verbindung der Taschen mit dem Sattelgurt, genauso wie bei den eben beschriebenen Doppelpacktaschen. Dies genügt nicht, um die Taschen am »Flattern« zu hindern. Günstiger als diese Riemen wäre in jedem Falle ein Bauchgurt, der sich aber leicht nachträglich anbringen läßt. Ein Bastler kann sich für diese Art der Packtaschen ein einschnallbares Zwischenstück anfertigen, wodurch sie wie Doppelpacktaschen einzusetzen sind. Leider sind Einzelpacktaschen oft zu klein, als daß sie sich für längere Ritte eignen würden.

Packtaschen selbst hergestellt

Die nachfolgende Anleitung ist als Anregung gedacht, sich seine Packtaschen selbst herzustellen. Als Ausgangsmaterial lassen sich auch bereits vorhandene Packtaschen aller Art verwenden. Die »Eigenbaupacktaschen« sollten folgende Anforderungen erfüllen:

1. Ausreichende Größe mit der Möglichkeit, die Taschen bei Bedarf enger stellen zu können.
2. Anbringungsmöglichkeit für jeden Sattel.
3. Verwendbarkeit als einzeln verwendbare Taschen (z. B. zum Einkaufen unterwegs).
4. Fester, unverrückbarer Sitz auch im Trab und im Galopp.
5. Verwendbarkeit als Packsattel.
6. Größtmögliche Haltbarkeit.

Ich selbst habe mir solche Packtaschen »gebaut«, und sie sind seit 1976 im harten Gebrauch (auch zum Sammeln von Tannenzapfen oder Pilzen). Zwischenzeitlich wurden sie noch einige Male verbessert, und alles in allem haben sie sich hervorragend bewährt.

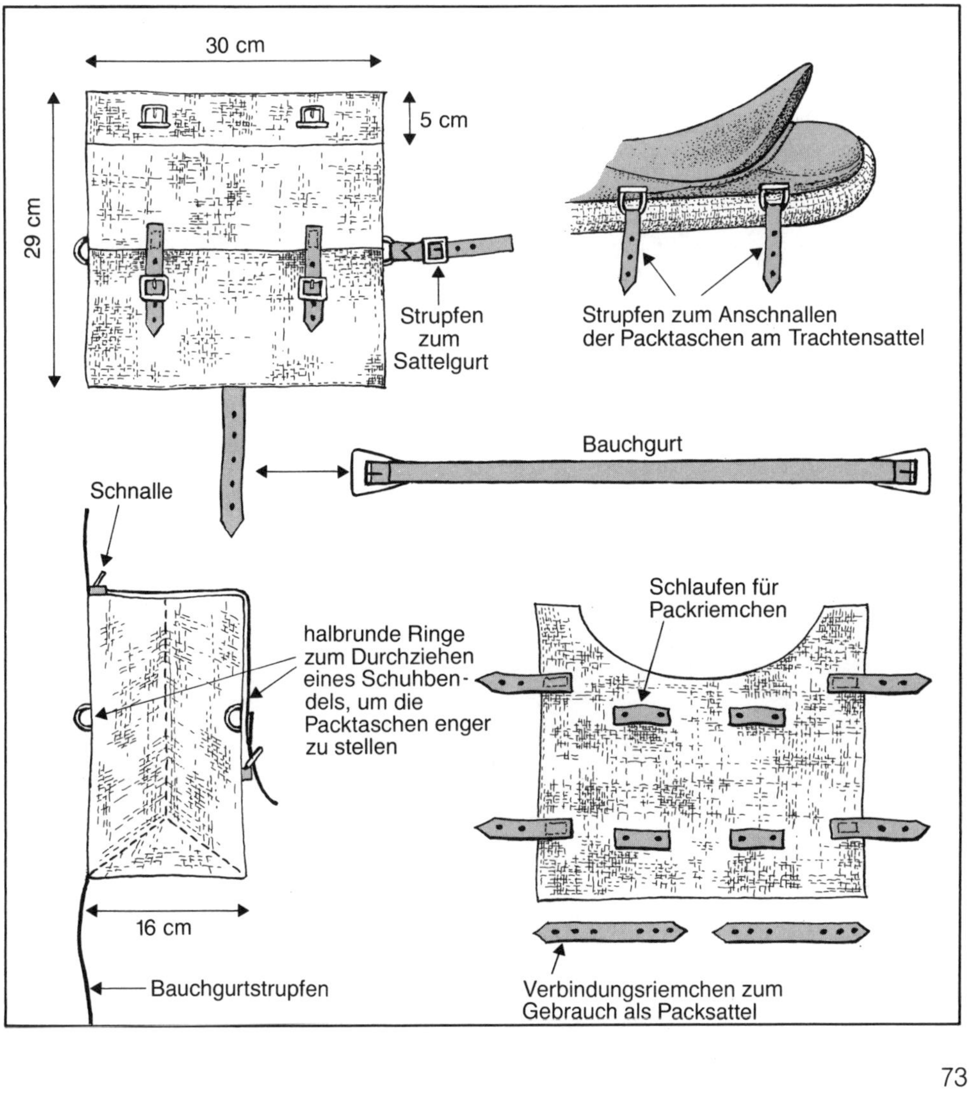

Der Mantelsack

Am einfachsten ist es, wenn man in ein Fachgeschäft geht und einen kauft; sie werden auch heute noch hergestellt. Am billigsten ist es, in einem Natoshop nach einem geeigneten Behältnis zu suchen – so kommt man mit etwa 20 DM weg. Da gibt es zum Beispiel Tragetaschen mit einer Größe von ca. 18 × 18 × 50 cm, mit Reißverschluß. Trennt man die Tragebänder weg, so ist der Mantelsack fertig. Zur Not ist auch ein kleinerer, wasserdichter Packsack zu gebrauchen, den man von der einen Seite her füllt (die harten Teile zuinnerst) und anschließend zuschnürt.
Perfekter wird es, wenn man sich an einen Sattler wendet und den Mantelsack aus Leder oder Segeltuch (Kunstleder bewährt sich nicht) in passender Größe und mit Knopf-, Schnallen- oder Reißverschluß herstellen läßt. Das ist allerdings auch der teuerste Weg.
Ganz gleich, ob fertig gekauft oder selbst hergestellt, haben die üblichen und auch bewährten Mantelsäcke zwei Nachteile: Zum einen sind sie in ihrer Größe unveränderbar, zum anderen sind sie zu sonst nichts zu gebrauchen. Wer Gewicht sparen will, was unterwegs ein äußerst wichtiger Aspekt bezüglich der Ausrüstung ist, der wird alle Ausrüstungsgegenstände so wählen, daß sie möglichst universell zu verwenden sind. Hier zwei Alternativen zum üblichen Mantelsack:
Ein guter Mantelsackersatz ist der *amerikanische Wäschesack,* wie ihn die Armee verwendet. Er wiegt nicht viel, ist gummiert und somit wasserdicht (s. gegenüberliegende Abb. 1). Am besten breitet man alles, was in den Packsack hinein soll, am Boden aus (harte Gegenstände zuinnerst) und rollt das Ganze zu einer festen Rolle zusammen, die man in den Packsack hineinschiebt. Dieser wird nun fest zusammengedrückt und am Mantelsackträger befestigt. Da die Luft aus dem Packsack entweichen muß, kann man ihn meist erst *nach* dem Anschnallen am Sattel fest zubinden. Mit etwas Übung geht das recht leicht.

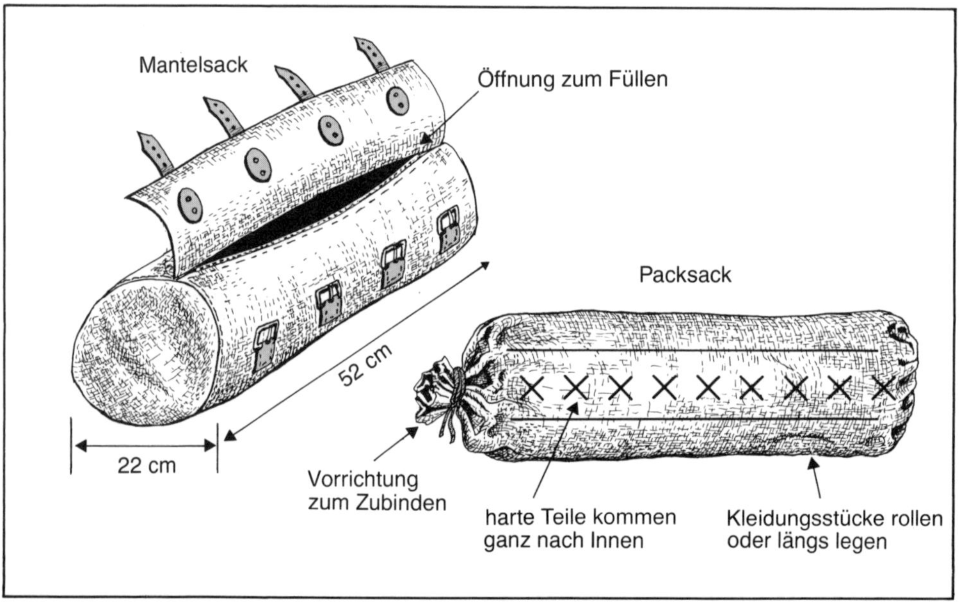

So ein Packsack eignet sich als Mantelsackersatz recht gut, da er im Biwak zum wasserdichten Unterbringen der Kleidung zu nutzen ist, auch ist seine Größe leicht anzupassen; aber damit sind seine Möglichkeiten auch schon erschöpft. Auch ein großes Stück gummierten Segeltuches oder das Zelt (falls das Material solide genug ist) kann zum Einwickeln der Kleidungsstücke und des Schlafsackes dienen.

Ideal ist der *US-Poncho* oder sein entsprechendes Gegenstück aus Bundeswehrbeständen. Dieser kann im Biwak als Notzelt oder als Schlafsackunterlage verwendet werden. Zu diesem Zweck ist ein gebrauchter Poncho (aber ohne Löcher und mit vollständiger Gummierung) völlig ausreichend, da er auf Dauer ohnehin durchgescheuert wird. Ein neuer Poncho kostet schließlich schon bis zu 60 DM. Wie man den Poncho rollt, zeigen die Abb. 2–6.

1 US-Bekleidungssack.
So rollt man einen Poncho zusammen: 2 Ausbreiten, Schlafsack darauflegen. 3 Trainingsanzug etc. in entsprechender Länge quer darauflegen. 4 Seitenteile des Ponchos über den Schlafsack klappen. 5 Zusammenrollen und Ende umschlagen (ca. 30–40 cm).
6 Ganz zusammenrollen und aufschnallen.

1

4

2
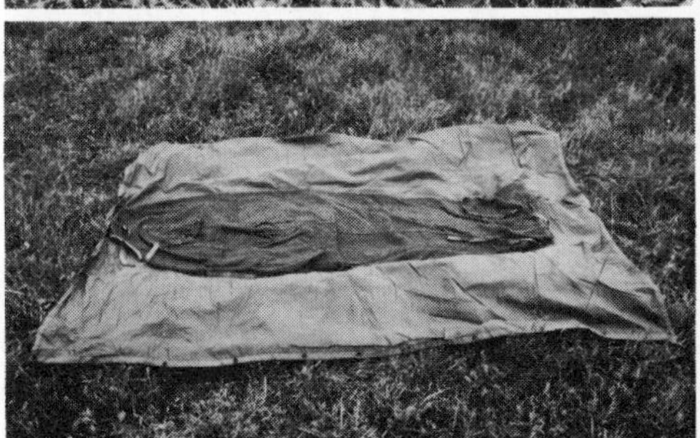

5

3
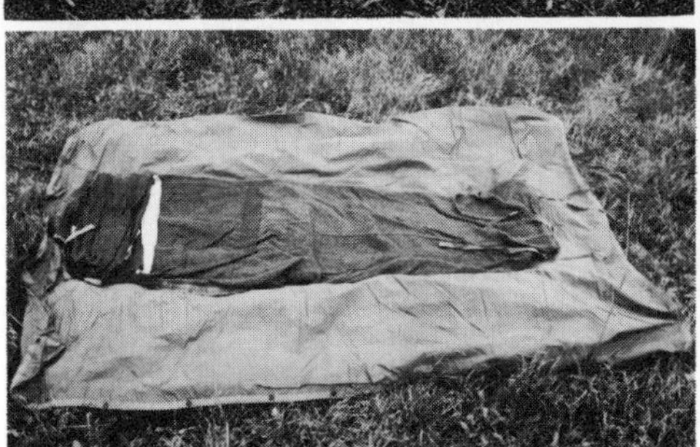

6
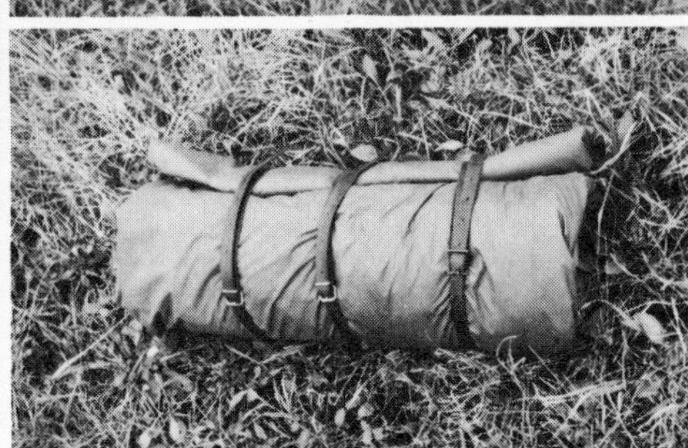

Inhalt des Mantelsacks: Reservekleidung, Anbindestricke, Hafersack (er ist genauso lang wie der Mantelsack, hat ca. 13 cm Durchmesser und faßt etwa 10 Pfund Hafer – bitte wiegen!). Schlafsack, Regenumhang und dergleichen kann man, wie oben bereits angedeutet, zusätzlich aufschnallen.
Beim Aufsitzen auf ein voll bepacktes Pferd ist zu beachten, daß man mit dem rechten Bein mehr Schwung holen muß, um über das Hintergepäck zu kommen. Aus dem gleichen Grund nimmt man – anders als sonst – beim Absitzen den linken Fuß nicht aus dem Bügel, weil man in diesem Fall größere Schwierigkeiten hätte, aus dem Sattel zu kommen.
Von Vorteil ist es, beim Aufsitzen immer höher als das Pferd zu stehen und beim Absitzen nicht so weit »absteigen« zu müssen; leichte Hänge, ausgefahrene Wege oder Felsen sind da recht hilfreich. Eventuell ist es bei ungeübten Reitern sogar notwendig, von rechts mit dem Steigbügel gegenzuhalten.
Ähnliche Schwierigkeiten wie mit dem Aufsitzen ergeben sich durch das Vordergepäck bei der Zügelführung: Mit aufgeschnallten Vorderpacktaschen ist es vollkommen unmöglich, die Zügelhand (bzw. -hände) eine Handbreit über dem Widerrist zu halten. Beim Reiten mit langem Zügel dagegen ist das ohne Bedeutung.

Der Mantelsackträger

Der Mantelsackträger ist ein äußerst wichtiges, heute aber leider an sämtlichen Wandersätteln vergessenes Detail. Seine Aufgabe besteht darin, den Mantelsack absolut ruhig- und festzuhalten; dabei darf die Packlast auf dem Pferderücken bzw. der Wirbelsäule nicht aufliegen und nicht scheuern. Bei

1

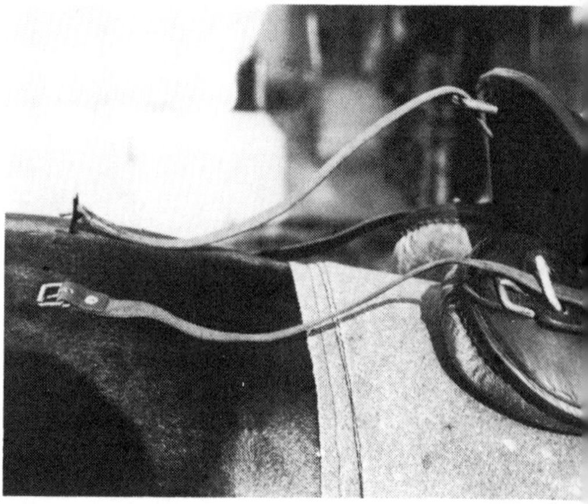

Riemenführung beim Bocksattel.

den ungarischen Bocksätteln erfüllte der hinten hoch hinausgezogene Hinterzwiesel (im Englischen als »spoon« bezeichnet) folgenden Zweck: Ein Riemen führte um den Mantelsack herum und zog ihn nach oben, während zwei durch Ringe auf den Hintertrachten gezogene Riemen die Last nach vorn auf die Trachten zogen (Abb. 1–3).
Die Art der Riemenführung zur Befestigung des Mantelsacks am Mantelsackträger ist je nach Konstruktion desselben unterschiedlich. Beim englischen

Aufgeschnallter Mantelsack, von oben gesehen.

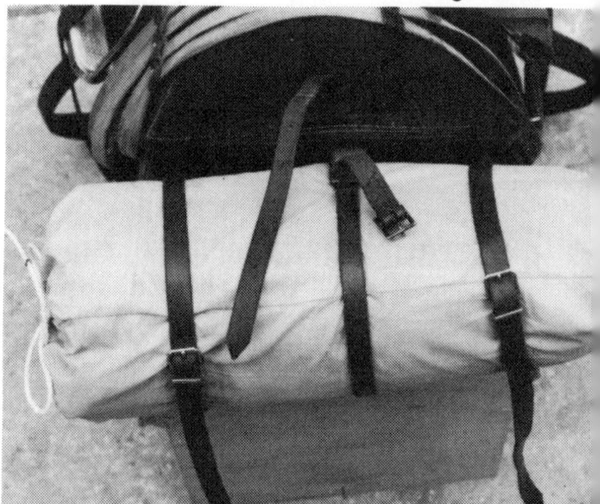

4

2

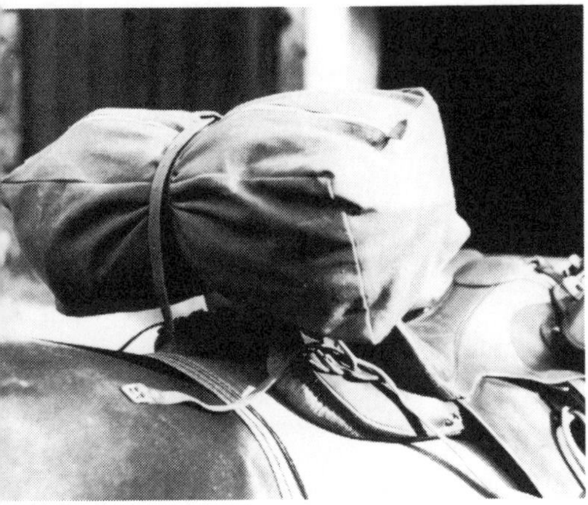

3

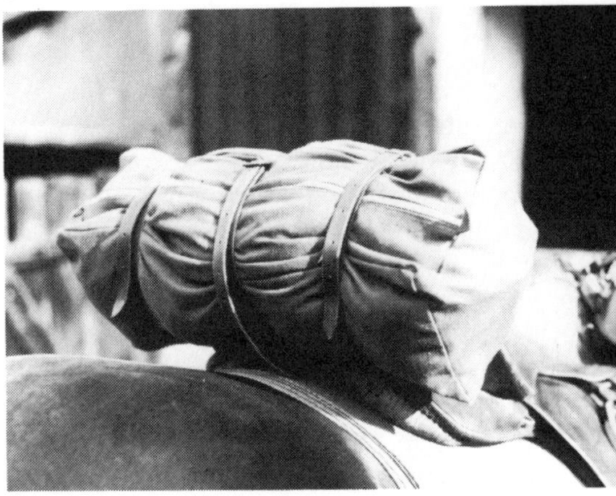

Offizierssattel beispielsweise befinden sich hinten am Sitz auf jeder Seite zwei Krampen, durch die man die beiden Mantelsackriemen zieht. Werden die Riemen straffgezogen, schwebt der Mantelsack über den Hintertrachten. Beim deutschen Militärsattel werden drei Riemen gebraucht; Details sind den obigen Abbildungen zu entnehmen.

Die Länge der Mantelsackriemen richtet sich nach der Bauart des jeweiligen Mantelsackträgers und selbstverständlich nach dem Durchmesser des Mantelsacks. Am einfachsten ist es, man legt den gepackten Mantelsack auf und mißt die erforderliche Länge mit einem Bindfaden aus. Will man zusätzlich Poncho oder Mantel aufschnallen, muß natürlich ein entsprechend längerer Riemen gewählt werden (Abb. 4–6).

Richtig verschnallt, schwebt der Mantelsack wenige Zentimeter über der Wirbelsäule des Pferdes.

Die oben aufgeschnallte Zeltbahn kann jederzeit abgenommen werden (5). Daneben eine alternative Anbringung (6).

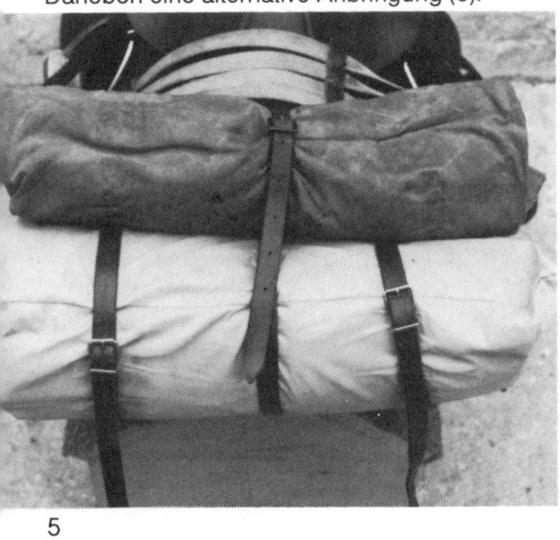

5

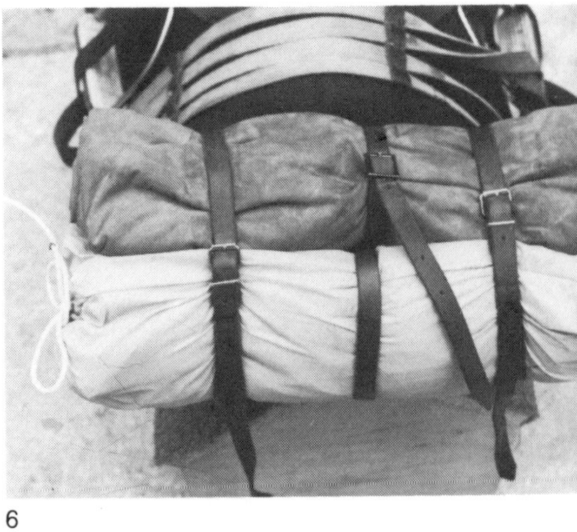

6

Erwähnt sei an dieser Stelle auch der Schweizer Offizierssattel, der früher einen bei Bedarf anschraubbaren Mantelsackträger besaß.
Ein kleiner, aber zweckmäßiger Mantelsackträger befindet sich am ehemaligen deutschen Militärsattel. Er war nur zum Anschnallen von Mantel und Zeltbahn gedacht, die so angebracht werden konnten, daß beim Abnehmen des einen Ausrüstungsstückes das andere nicht sofort verlorenging. Der Mantel diente als »Unterlage« der Zeltbahn.
Als Wanderreiter kann man Schlafsack und Zeltbahn nach dem gleichen System aufschnallen (Abb. 4–6 auf Seite 76/77). Zum Befestigen eines großen Mantelsacks allein ist dieser Mantelsackträger jedoch weniger geeignet.

Wichtig: Die Packlast im Gleichgewicht

Auch wenn ich immer wieder darauf hingewiesen habe, wie wichtig es ist, das Pferd gleichmäßig zu bepacken, möchte ich dem Thema »Gleichgewicht« an dieser Stelle einen eigenen kurzen Abschnitt widmen. Der bepackte Sattel muß den Pferderücken vollkommen gleichmäßig belasten. Dies gilt nicht nur für die beiden Seiten, sondern auch für die Längsachse, wie bereits bei der Besprechung der Sättel erwähnt wurde.

- *Gleichgewicht beiderseits des Sattels* läßt sich erzielen, indem man die Packtaschen – natürlich die Vorder- und Hinterpacktaschen jeweils für sich – paarweise auswiegt und durch entsprechendes Umpacken für Gleichgewicht sorgt.
- *In der Längsachse des Sattels* Gleichgewicht herzustellen, ist wesentlich schwieriger, da hier noch das Gewicht des Reiters zu berücksichtigen ist; außerdem haben die verschiedenen Sättel völlig unterschiedliche Auflageflächen. Auch ist es unmöglich, Militärsättel ganz originalgetreu zu bepacken, da sich die alten Gewichtsverhältnisse kaum herstellen lassen. Schließlich entfällt die Militärausrüstung, dafür kommt manches hinzu, was für den Wanderreiter wichtig ist.

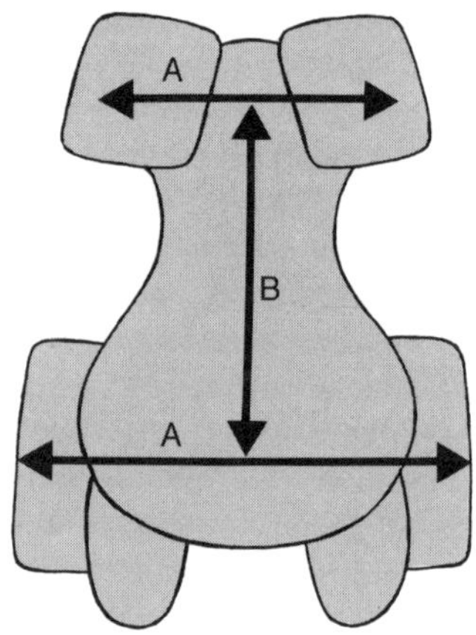

A Gleichgewicht beiderseits
B Gleichgewicht in der Längsachse

Richtige Verteilung der Packlast auf dem Sattel, schematisch dargestellt.

Zur Kontrolle des Gleichgewichts dient der *Proberitt mit Gepäck*. Hierzu wird das Pferd mit der ganzen Packlast versehen und nur eine dünne oder gar keine Unterlage benützt. Der Ritt sollte etwa ein bis zwei Stunden dauern, bis das Pferd leicht schwitzt. Liegt der Sattel ungleichmäßig auf, so wird das Pferd an der Stelle, an der er drückt, *nicht schwitzen*. Das heißt: Trockene Stellen im Trachtenbereich verlangen vorne eine Mehrbelastung, feuchte dagegen eine geringere Belastung. Mit dieser Methode kann man auch gut prüfen, ob der Sattel dem Pferd paßt oder ob etwas an der Polsterung geändert werden muß.

Das Zaumzeug

Wie beim Sattel gilt auch hier, daß für einen gelegentlichen Ausritt die normale Ausrüstung völlig ausreicht. Eine Anbindevorrichtung ist in jedem Fall auf dem Pferd mitzuführen.
Abzuraten ist vom hannoverschen Reithalfter, da dieses die Atmung behindern kann. Ist ein Sperrhalfter nötig, so sollte man dann das englische Reithalfter verwenden. Nachteilig ist hier jedoch, daß man daran kein Pferd anbinden kann. Kombiniert man das normale Zaumzeug mit einem *Halsriemen,* der mit einem Anbindestrick versehen ist, so hat man immer die Möglichkeit, sein Pferd anzubinden.
Die Kombination von Reitzaum und Halsriemen war in der deutschen Wehrmacht als *Zaumzeug Nr. 22* bekannt und wurde zum Reiten und Fahren verwendet (siehe HDV 465/5, S. 12, und HDV 476/2). Der Zaum war als Kandarenzaum gedacht, weshalb das Bakkenstück gleich serienmäßig mit einem Trensenträger versehen war. Beim Reiten auf Trense wird der überflüssige Trensenträger in den Trensenring mit eingeschnallt.
Nachteilig an der Verwendung des Halsriemens ist, daß er bei dauerndem Gebrauch die Mähne abscheuern kann. Zum anderen ist damit das Führen eines temperamentvollen Pferdes sehr schwierig, da man sehr viel weniger Gewalt über das Pferd hat als mit einem Stallhalfter.

Marschhalfter.

Zaumzeug ähnlich dem Zaumzeug Nr. 22 mit Halsriemen der ehemaligen deutschen Kavallerie.

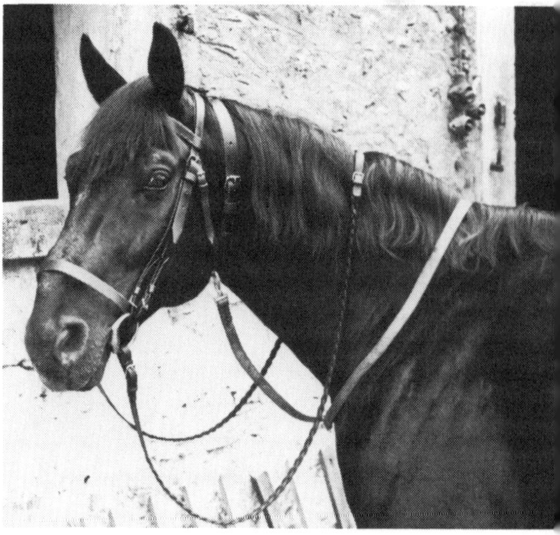

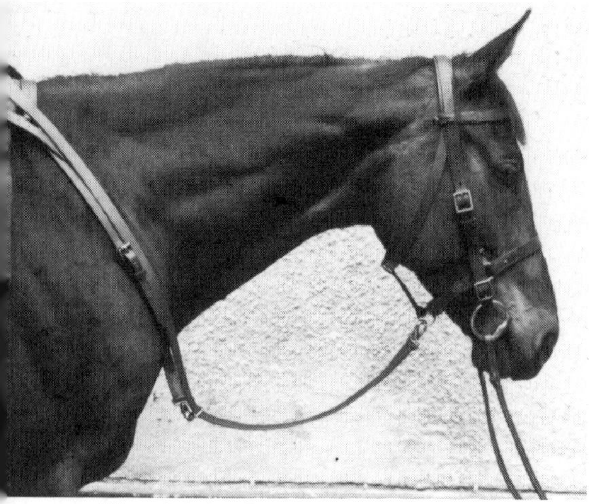

Hier wird das Gebiß nur mit einem Trensenträger über das Marschhalfter gelegt. Die Verstellschnalle kommt nach rechts, sonst trägt sie zu sehr auf. Vorteil: Weniger Leder am Kopf des Pferdes.

Sehr gut zu gebrauchen ist das *Marschhalfter,* wie es bereits im Kaiserreich verwendet wurde. Das Marschhalfter ist nichts anderes als ein leichtes Stallhalfter mit durchgehendem Kehlriemen, das mit einem Anbindestrick oder Anbinderiemen versehen ist. Der Anbinderiemen wird auf dem Marsch entweder zu einem kurzen Knäuel zusammengerollt oder um den Pferdehals gelegt. Über das Marschhalfter kommt das gewöhnliche Trensenkopfstück mit der Trense. Ein eventuell vorhandenes Sperrhalfter wird ausgeschnallt, da es überflüssig ist. Schnallt man nämlich den Nasenriemen des Marschhalfters eng, so hat es die gleiche Wirkung wie das englische Reithalfter.

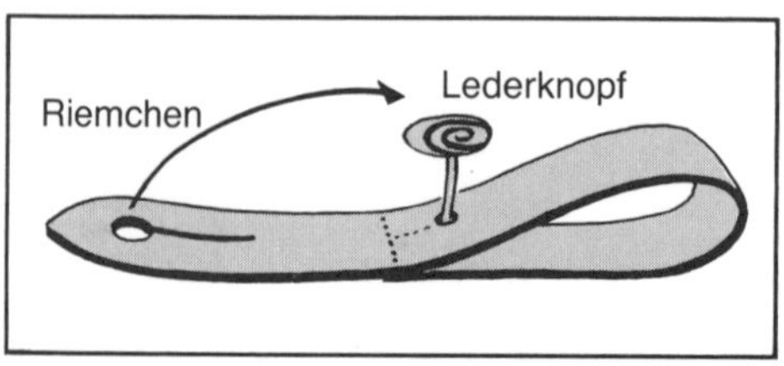

Damit das Zaumzeug unterwegs nicht verrutscht, wird es mittels eines Riemchens (s. Abbildung unten links), das mit einem Lederknopf oder Zaumhaken versehen ist, mit dem Marschhalfter verbunden.
Statt des Marschhalfters kann auch ein gewöhnliches *Stallhalfter,* das aber nicht zu schwer und dick sein sollte, in Kombination mit dem gezeigten Riemchen verwendet werden.
Jedes Stallhalfter kann mit Hilfe einer *Trense mit Knebeln* als Wanderhalfter gebraucht werden. Hier besteht der Nachteil jedoch darin, daß keinerlei sperrhalfterähnliche Wirkung zu erzielen ist und das Gebiß nicht besonders gut im Maul liegt.
Der Anbindestrick kann nicht nur direkt am Marschhalfter angebracht werden, sondern es gibt auch noch folgende Möglichkeit: Der Strick wird mit einem Knoten, der sich nicht zuziehen kann (s. Abb. Seite 81 unten), am Pferdehals befestigt und durch den Ring des Halfters

Stallhalfter mit Knebeltrense: eine der billigsten Lösungen.

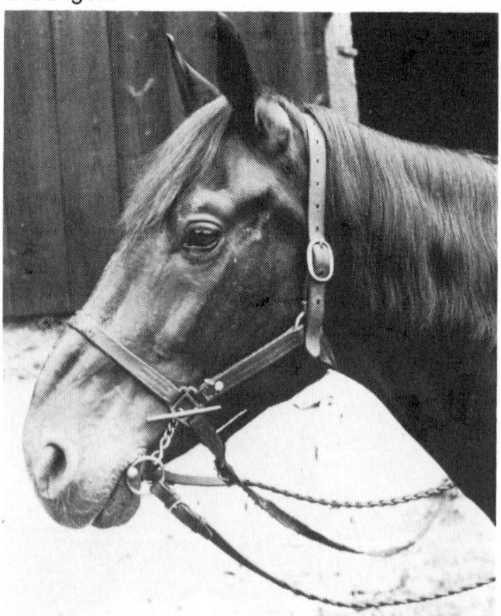

Marschhalfter mit Anbinderiemen.

geführt. Bei dieser Befestigung ist es praktisch unmöglich, daß das Pferd sein Halfter zerreißt (SPOONER, S. 28/29). Der Strick muß etwa vier Meter lang sein (beim Kleinpferd kürzer!).

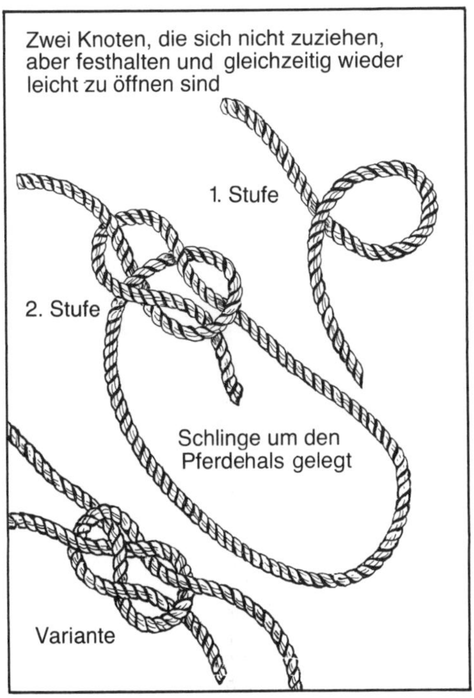

Verwandt mit dieser Art des Anbindens ist die kalifornische Methode, ein Pferd anzubinden: Die Cowboys der amerikanischen Westküste verwenden hierzu ein leichtes Bosal unter dem Zaumzeug. Dazu wird der Strick wie eben beschrieben am Pferdehals befestigt, dann mit zwei halben Schlägen am Knopf des Bosals angebunden (JONES, S. 209):

Daß Pferde mit den Zügeln angebunden werden, sieht man nur in Westernfilmen. Die Gefahr, daß ein Pferd erschrickt und beim Versuch, sich loszureißen, in Panik gerät und dabei das Zaumzeug zerreißt oder sich übel im Maul verletzt, ist viel zu groß, als daß derartige Experimente gutzuheißen wären. Leider sieht man diese Unsitte aber nicht nur bei Freizeitreitern, sondern häufig auch bei anderen, die es an sich besser wissen müßten.

Ein Reiter bindet sein Pferd nie mit dem Zügel an!

Der von einigen Firmen angebotene *Wandertrensenzaum* entspricht von seiner Konstruktion her weitgehend der Bauweise der Zäume von Arbeitspferden. Er ist eine Art Stallhalfter, aus der man das Gebiß mit einem Knebel oder einem Riemchen ausschnallen kann. Ein Anbindestrick gehört selbstverständlich dazu. Diese Sorte Zaum ist zum Wandern natürlich auch recht gut geeignet.

Fehlt ein Stallhalfter, so kann man aus einem fingerdicken, etwa vier Meter langen Seil und einem Ring von drei Zentimeter Durchmesser selbst ein *Strickhalfter* herstellen. Das geht folgendermaßen:

- Am Seilende spleißt man eine Schlaufe (»Ohr«) ein (Abb. 1).
- Dann wird in etwa 25 bis 30 cm Abstand das Seil ca. 2 cm aufgedreht. Der bereits übergestreifte Ring wird nun befestigt, indem man das Seil durch diese aufgedrehte Öffnung zieht (Abb. 2).
- Das fertige Seil sieht jetzt wie in Abbildung 3 gezeigt aus.
- So vorbereitet, wird das freie Seilende nun zuerst durch die Schlaufe gezogen, sodann durch den Ring geführt und abschließend mit einem Knoten gesichert (Abb. 4). Macht man keinen Knoten, zieht sich dieses Halfter um Pferdenase und Genick unweigerlich zusammen.

Gesehen habe ich diese Konstruktion eines Strickhalfters bei einer Reiterin in Schottland. Beim Putzen des Kopfes gut als Halsriemen zu verwenden.

Strickhalfter

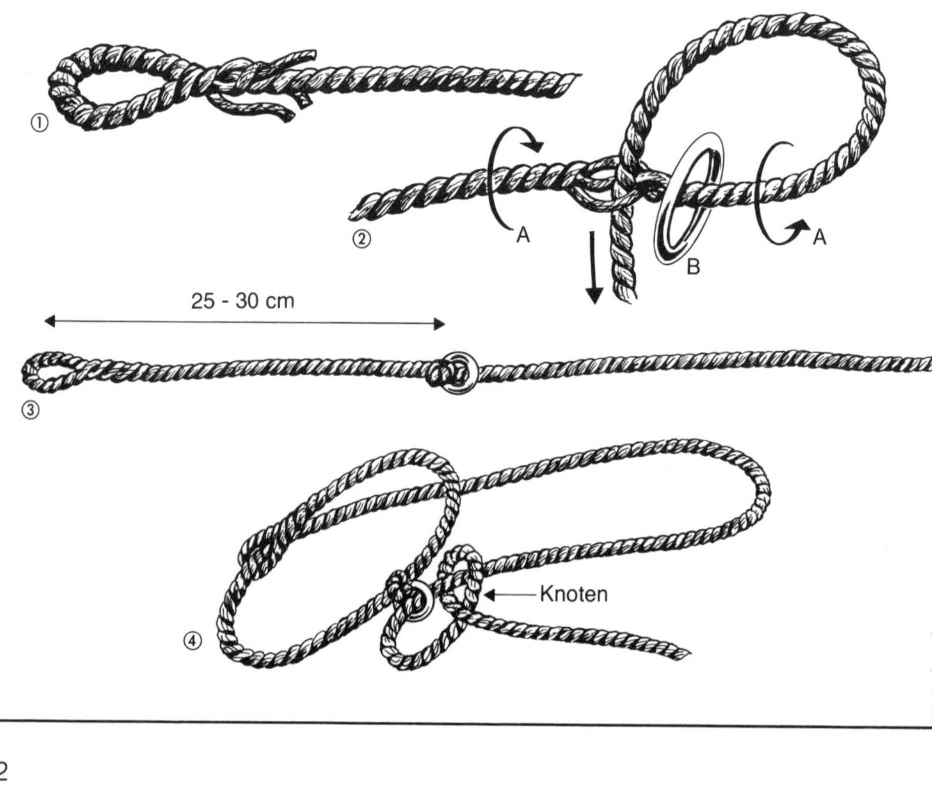

Gute Dienste als Reservehalfter tun auch die *Händlerhalfter* aus Jute, die nur ein paar Mark kosten, da sie wenig wiegen und kaum Platz wegnehmen.

Jutehalfter als preisgünstige Reserve.

Das einzige, was ich für total ungeeignet halte, sind die sog. »Taschen-Wanderhalfter« aus ca. 5 mm starker Nylonkordel. Zerrt das Pferd, so hält zwar in jedem Fall der Nylonbendel, das Pferd aber kann sich damit schwer verletzen. Ein Bekannter erzählte mir, sein Pferd habe sich mit einem solchen Wanderhalfter beinahe erwürgt. Also Finger weg davon!

Bei Pferden, die immer frei in der Box oder auf der Weide ohne Stallhalfter herumlaufen und eine empfindliche Haut haben, kann es vorkommen, daß sie unter dem Marschhalfter stark schwitzen und sich dadurch die Haut entzündet. Ist dies der Fall, kann man auf dem Wanderritt behelfsmäßig über Nacht ein altes Handtuch unter das Kopfstück schieben; besser sind Lammfellüberzüge für die scheuernden Stellen. Auch ist es gut, im Quartier den verschwitzten Pferdekopf mit einem feuchten Schwamm abzuwischen und das Halfter erst nach dem Trocknen wieder überzustreifen. Während des Trocknens genügt es normalerweise, wenn man das Halfter wie einen Halsriemen verwendet; das Pferd wird sich schon nicht gleich befreien.

Abschließen möchte ich das Thema »Zaumzeug« mit einer Anmerkung über eine Anbindemethode, welche ich einleuchtend fand und die ich in Großbritannien öfters praktiziert sah: Um den Balken, an dem die Pferde angebunden wurden, bindet man Preßbendel, und an diese erst werden die Anbindestrikke befestigt. Will sich ein Pferd losreißen, so geht vor allem anderen der Preßbendel zu Bruch; das Zaumzeug und das Pferd aber können keinen Schaden nehmen. Denn wenn das Pferd sich losreißen will, halten nur noch Ketten, und dabei kann sich das Pferd das Genick brechen; so aber wirkt der Bendel – was schwere Verletzungen anbelangt – wie eine Sicherung.

Der Anbinderiemen

Statt des gewöhnlichen Anbindestricks mit Panikhaken, den viele Pferde recht schnell zu öffnen lernen, hat sich der Anbinderiemen sehr gut bewährt. Von diesem Riemen hatten die verschiedenen Armeen die unterschiedlichsten Modelle im Gebrauch. Für den Wanderreiter sind sie natürlich ebensogut geeignet. Der Riemen ist etwa 160 cm lang und etwa 20 bis 30 mm breit. Auf dem Riemen frei verschiebbar befindet sich ein Ring von etwa 25 mm Durchmesser. An beiden Enden des Riemens

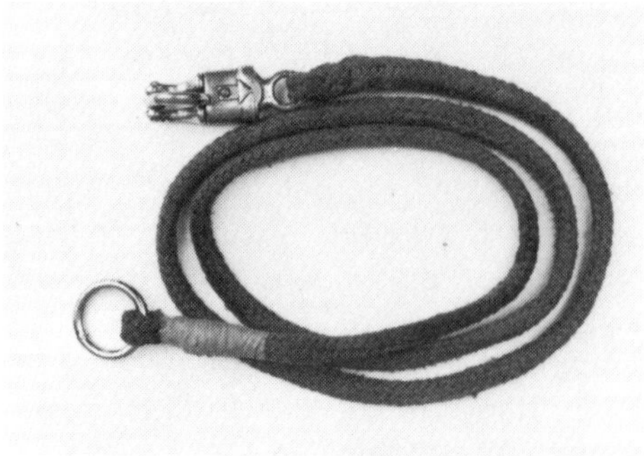

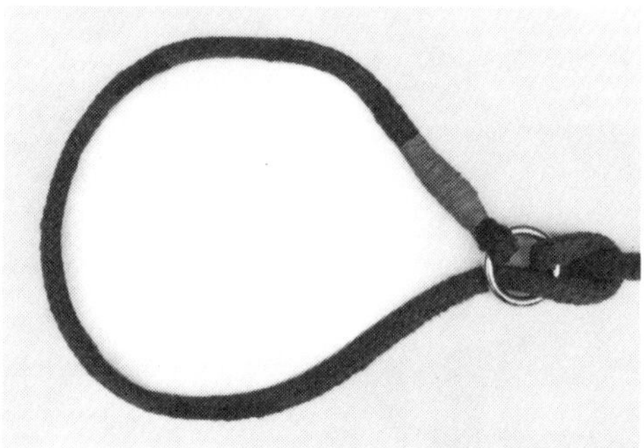

Der Becksche Strick – Halsriemen und Anbindestrick in einem.

ist je ein Karabinerhaken angebracht. Es gibt auch Riemen, die an einem Ende statt des Karabiners eine Schnalle mit Schnallstößel haben, womit sie in den Ring des Marschhalfters eingehängt werden können.

Auf dem Marsch wird der Riemen am Halfter befestigt, sein anderes Ende um den Pferdehals gelegt und dann in den losen Ring eingehakt. Beim Armeesattel wird er durch den Aufhängeriemen des Sattels gezogen. So ist er unterwegs gut aufgeräumt, stört nicht, ist aber bei Bedarf sofort verfügbar. Bei der Rast kann der Riemen um eine Astgabel gelegt und eingehakt werden. Im Quartier zieht man das freie Ende durch einen Anbindering und hakt ihn anschließend in den Ring des Halfters.

Der Anbinderiemen läßt sich direkt an das Halfter anschnallen.

Ebenso kann der Riemen um einen Balken gehängt oder durch einen Anbindering gezogen und unten mit einem Steigbügel als Stallkugelersatz beschwert werden. Bei ruhigen Pferden kann er auch dazu dienen, als Hobbel-Ersatz das Stallhalfter mit einem der Vorderbeine zu verbinden.
Ganz einfach sind Anbinderiemen, die an einem Ende mit einer Schnalle versehen sind und am anderen spitz auslaufen. Sie sind wie normale Anbindestricke zu gebrauchen.

So ist das Pferd schlecht angehängt: Der Anbinderiemen rutscht nach unten, das Pferd bekommt Panik und kann sich losreißen. Besser ist es, man hängt den Riemen über eine Astgabel.

Der Anbindestrick

Er besteht aus Nylon und ist knapp zwei Meter lang. Bringt man an passender Stelle nebeneinander zwei Knoten in den Strick an und hakt die Karabiner dazwischen, so kann man diesen Anbindestrick als Halsriemenersatz verwenden. Besonders für gelegentliche Ausritte ist er sehr zu empfehlen. Natürlich ist er nicht nur als Halsriemen, sondern auch wie ein normaler Anbindestrick zu verwenden. Ein loser Ring ist nicht nötig, da die Haken direkt in den Strick eingehängt werden können. Das lästige Klappern des Ringes fällt somit weg.

Anbindestrick aus Nylon; gut als Halskoppel zu verwenden.

> Sowohl Anbinderiemen wie auch Anbindestrick sind jederzeit als Ersatz für etwa ausgefallene Zügel zu verwenden. Sie ersparen also das Mitführen von Reservezügeln.

Unterwegs wird der Strick um den Hals gelegt und mit dem Henkersknoten befestigt. Vorsicht! Dieser Knoten zieht sich zu und darf nur zum »Aufräumen« des Seiles genommen werden!

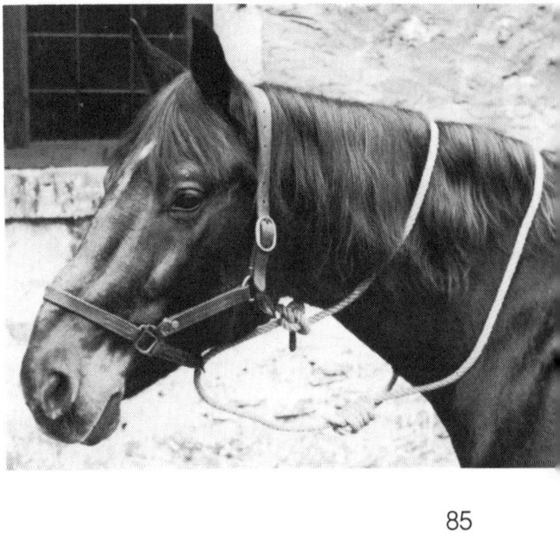

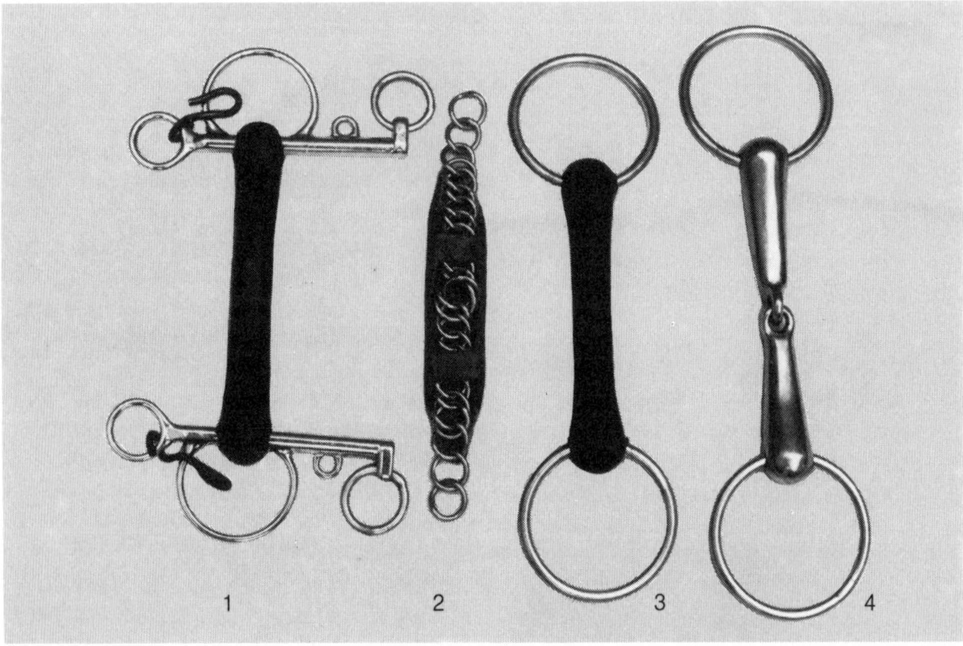

1 Gummi-Pelham, 2 Kinnkette mit Überzug, 3 Gummitrense, 4 Wassertrense.

Das Gebiß

Natürlich verwendet man das Gebiß, das man jeden Tag in Gebrauch hat. Normalerweise wird dies die gewöhnliche Wassertrense sein. Ebenso ist es aber möglich, auf Kandare oder auf Pelham (mit zwei Paar Zügeln) zu reiten. Ist man es gewöhnt, mit zwei Paar Zügeln in der linken Hand zu reiten, so fällt das auch nicht schwerer als das Reiten mit nur ein Paar Zügeln. Übrigens verbessert das einhändige Reiten sowohl den Sitz des Reiters wie auch seine Einwirkung auf das Pferd, da man auf diese Weise viel weniger versucht sein wird, Wendungen und Stops durch ein Ziehen am Zügel einzuleiten. Kreuz- und Gewichtshilfen gewinnen dabei viel mehr an Bedeutung, da man in einer Hand sowieso weniger Kraft hat als in zweien.

Übrigens ist das »überbackene« Pelham für viele Pferde geradezu ideal, da man dadurch die Wirkung eines weichen Gummigebisses mit der scharfen Wirkung des Stangengebisses bei Bedarf verbinden kann. Normalerweise läßt man nur den Trensenzügel wirken und der Kandarenzügel hängt durch; im Notfall läßt man dann den Kandarenzügel wirken.

Abzuraten ist jedoch mit Nachdruck von allen gebrochenen Pelhams und anderen gebrochenen Gebissen mit Hebelwirkung, da diese das Maul des Pferdes seitlich einkneifen. Pelhamrundungen, die zum Gebrauch des Pelhams mit nur einem Zügel dienen sollen, sind abzulehnen, da sie keinerlei definitive Wirkung zeigen. Die sog. Springkandare ist wesentlich besser. Die gebrochene Springkandare hat wie die »Trense mit Obergestell« den Vorteil, daß sie dem Zungenstrecken keinen Vorschub leistet, da ihr Mittelteil nicht nach unten durchsacken kann, Jedoch ist jedes Gebiß nur so gut wie der, der es benutzt!

Reparatur des Lederzeugs unterwegs

Immer wieder kommt es vor, daß trotz aller Vorsichtsmaßnahmen ein Pferd unterwegs einen Zügel abreißt, ein Halfter zerreißt oder sonst etwas zu Bruch geht. Ein Sattler oder Schuster ist gerade dann nur selten zur Hand, so daß man die Reparatur selbst durchführen muß. Zwei Nadeln mit Faden und eine Ahle (am Taschenmesser) hat man ja dabei.

Ist nur ein Loch ausgerissen, so prüft man, ob man daneben ein neues bohren kann *(auf keinen Fall* mit der Messerklinge einen Schlitz machen, denn dieser reißt schnell noch weiter ein). Notfalls kann man auch statt der Ahle einen der Reservehufnägel verwenden! Ist ein Riemen abgerissen, wird er erst einmal geradegeschnitten. Dann werden die Stoßstellen mit dem Taschenmesser schräg geschnitten, so daß sie etwas dünner werden, und übereinandergelegt. Mit der Ahle sticht man nun die Löcher vor, näht das Ganze zusammen und verknotet den Faden gut. Zuletzt klopft man die Naht mit einem Hammer, notfalls dem Steigbügel, weich und glatt. Die dem Pferdekörper zugewandte Seite der Flickstelle kann man noch zusätzlich mit Sattelseife einreiben, damit ja nichts scheuert.

Eventuell kann man sich auch vor dem Ritt durch einen Sattler in die Grundbegriffe der Sattlerei einweisen lassen. Für große Ritte ist das zu empfehlen!

Naht mit Rohlederriemen.

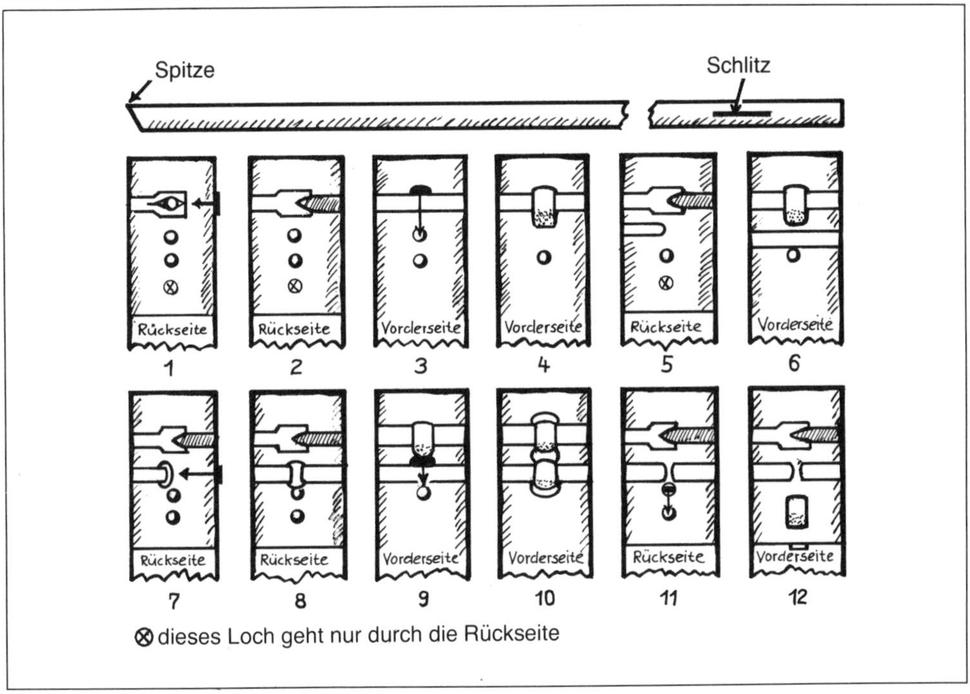

Ausrüstung für Reiter und Pferd – eine Checkliste

Diese Checkliste umfaßt lediglich die »Grundausrüstung« und erhebt keinen Anspruch auf Vollständigkeit. Die Liste der mitzuführenden Gegenstände ist von Fall zu Fall verschieden und hängt auch davon ab, ob ein Begleitfahrzeug vorhanden ist oder nicht. (Siehe hierzu auch »Die Ausrüstung von A bis Z im Überblick«, Seite 46 ff.)

- ☐ Geld, Schecks, Telefonnummern, Paß, Impfpaß
- ☐ Route, Kartenmaterial
- ☐ Schreibzeug, Kompaß
- ☐ Nähzeug, Taschenmesser
- ☐ Feldflasche, Kochgeschirr, Esbitkocher (Brennstoff), Löffel
- ☐ Feuerzeug, Streichhölzer (wasserdicht verpackt)
- ☐ Taschenlampe (Batterien, Reservebirne)
- ☐ Leuchtgamaschen
- ☐ Toilettenartikel, Medikamente
- ☐ Taschentücher (Papier)
- ☐ Verbandszeug für Roß und Reiter
- ☐ Regenumhang, Handschuhe, Kopfbedeckung
- ☐ Freizeitkleidung
- ☐ Schuh- und Sattelputzzeug
- ☐ Sattelzeug geputzt und in Ordnung
- ☐ Stiefel geputzt und in Ordnung
- ☐ Beschlag in Ordnung
- ☐ Seil, Schnur, Anbinderinge
- ☐ Pferdeputzzeug, Hufkratzer
- ☐ Reservehufnägel, Eisen, Werkzeug
- ☐ Deckengurt
- ☐ Spaten, Beil
- ☐ Pferdefutter, »Eiserne Ration«, Tagesverpflegung
- ☐ Schlafsack, Zelt

Planung und Durchführung

Karte, Kompaß und Routenwahl

Jeder Reiter sollte über das Grundwissen im Umgang mit Landkarten und dem Kompaß verfügen, denn es empfiehlt sich, seinen Ritt anhand einer Karte vorzubereiten. Zum einen kann man sich landschaftlich schöne Strecken aussuchen (eventuell vorher Fremdenführer studieren), zum anderen unerfreuliche Stellen (Bahnlinien, Autobahnen, Trimm-Dich-Pfade) umgehen. Alle benötigten Karten führt man natürlich auf dem Ritt mit. Unter Umständen ergibt dies einen ganz schönen Packen Papier! Welche Karten eignen sich für unseren Marsch zu Pferde?

Auswahl der Karte

Autokarten sind in viel zu großem Maßstab gezeichnet und führen die Feld- und Waldwege, auf die wir mit den Pferden angewiesen sind, gar nicht auf. Auch Kreis- oder Wanderkarten eignen sich nicht für unsere Zwecke, da sie nur selten überarbeitet werden. Die topographischen Karten im Maßstab 1:100000 wären zwar genau genug, sind aber auch häufig veraltet. Bei einem Maßstab von 1:25000 muß man zu viel Papier mitschleppen, da man entsprechend mehr Karten benötigt. Immer auf dem aktuellen Stand und für den Wanderreiter ausreichend sind die topographischen Karten 1:50000.
Der Maßstab der Karte sagt aus, welches Verhältnis Entfernungen auf der Karte zur Wirklichkeit haben. So entspricht bei der Karte 1:100000 1 cm auf der Karte 100000 cm (das sind 1000 m oder 1 km) in der Natur. Auf der Karte mit dem Maßstab 1:50000 entspricht demnach 1 cm 0,5 km.
Am Rande jeder Karte befindet sich die Legende, das ist die Zeichenerklärung. Mit etwas Übung kann man ein Kartenbild sehr schnell in die Wirklichkeit übersetzen, wenn man die Symbole kennt. Da sich diese je nach Karte ändern und außerdem auf jedem Blatt erklärt sind, ist es nicht nötig, sie hier anzuführen.

Entfernungen bestimmen

Um Entfernungen auf der Karte festzulegen, kann man die Strecke zwischen zwei Punkten mit dem Lineal ausmessen; das ergibt die Entfernung in Luftlinie. Da wir uns aber mit unserem Pferd auf dem Boden befinden, ist unser Weg länger und schlängelt sich durch Täler, führt um Dörfer und Bundesstraßen – soweit möglich – herum. Wie gehen wir nun vor?

- Genau läßt sich die Entfernung bestimmen, indem man die Reitstrecke mit einem Kurvenmesser abfährt, der in den verschiedenen Maßstäben geeicht ist (Abb. 1).
- Man kann auch eine Kordel (z. B. die des Kompasses) entlang dem geplanten Weg auf die Karte legen und dann deren Länge in gespanntem Zustand mit dem Lineal ausmessen (Abb. 2).
- Weiterhin ist es möglich, die Strecke mit dem Stechzirkel grob auszumessen, indem man z. B. 1 cm mit dem Zirkel abgreift und dann prüft, wie oft dieses Stück in unsere Reitstrecke hineinpaßt. Diese Methode ist allerdings relativ ungenau (Abb. 3).

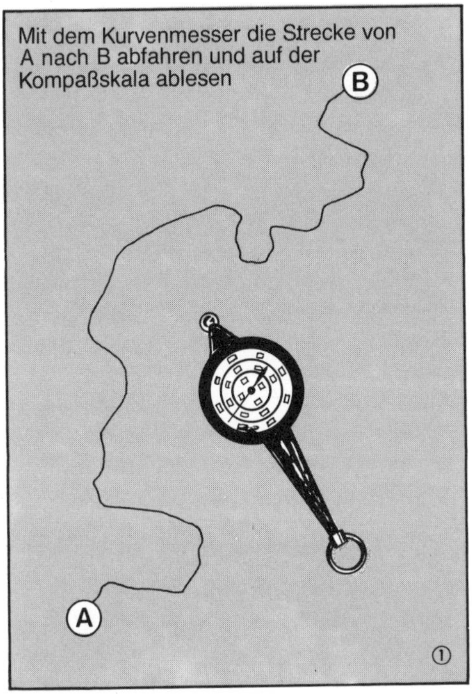

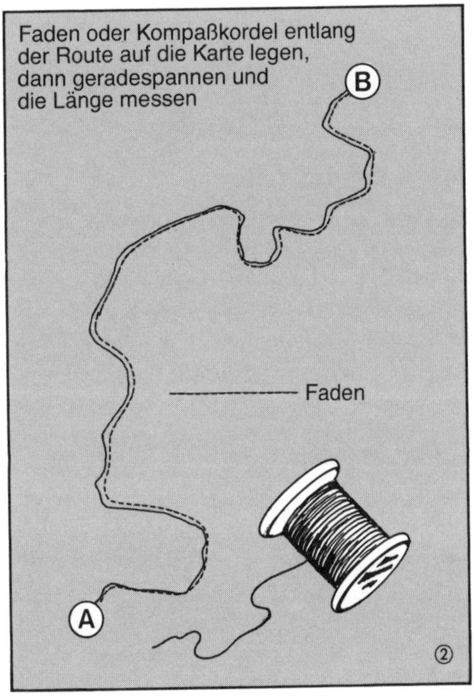

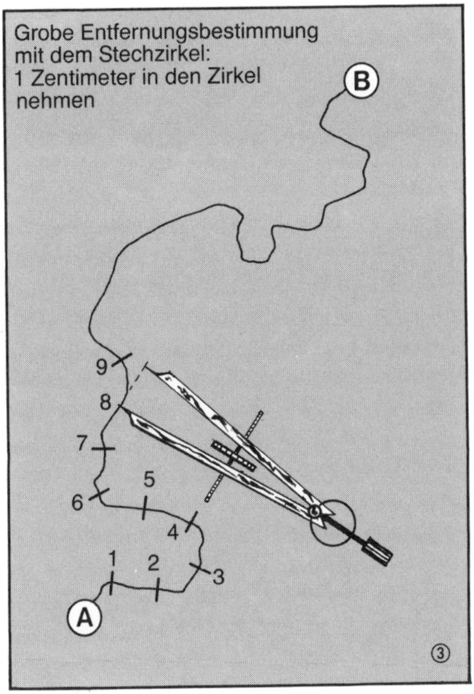

Höhenunterschiede bestimmen

Höhenunterschiede werden in der Karte durch die sog. *Höhenlinien* gekennzeichnet. Je dichter sie aneinanderliegen, um so steiler ist der Berg. Wie steil ein Berg in Prozentangaben ist, ist für uns in der Praxis von keiner so großen Bedeutung; genaue Angaben hierzu finden sich auf jeder Karte. Wichtiger ist es, durch Übung und Vergleich von Karte und Bodenform zu erreichen, daß man sich anhand der Karte vorstellen kann, wie das Gelände aussieht.

Hat man ein Pferd im Training, so wird man so oft wie nur denkbar bergauf klettern, um Kraft zu entwickeln. Auch das Bergabgehen fördert die Muskelkraft. Ist man hingegen mit dem Pferd unterwegs und will Kräfte sparen, so wird man immer versuchen, auf gleicher

Höhe zu bleiben, d. h. sich entlang einer Höhenlinie fortbewegen. Dies ist zum Beispiel fast immer der Fall, wenn man einem Flußlauf oder einem Bergkamm folgt. Kurz: Bergauf und bergab kostet Kraft!

Das Einnorden der Karte

Dazu legt man den Kompaß auf die Karte und dreht diese so lange, bis der obere Kartenrand nach Norden zeigt. Dabei kann man sich auch die Tatsache zunutze machen, daß die Beschriftung (Ortsnamen) in West-Ost-Richtung verläuft. Ist die Karte eingenordet, so stimmen die Richtungen zu den verschiedenen Orten auf Karte und Gelände überein (Abb. 1). Durch das direkte Abgreifen mit dem Winkelmesser oder dem Kompaß ist ein Einnorden der Karte in der Praxis unnötig.

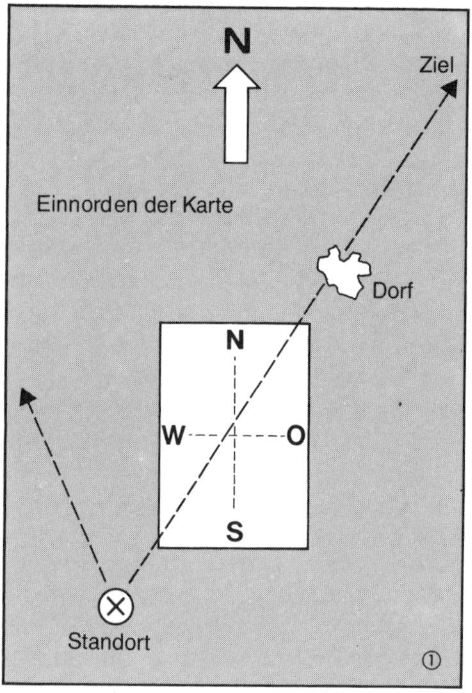

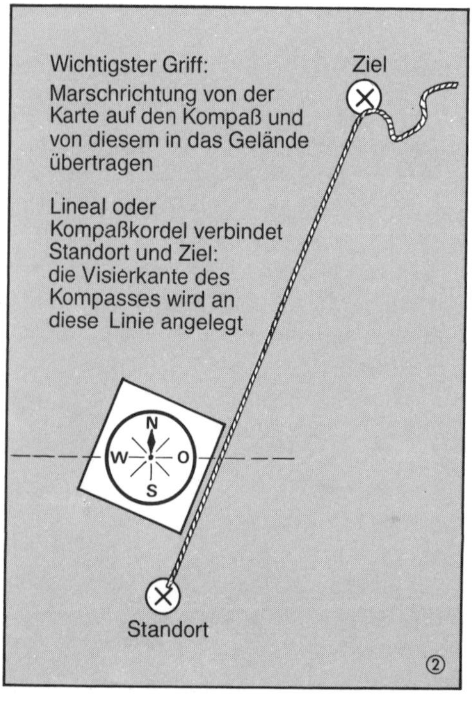

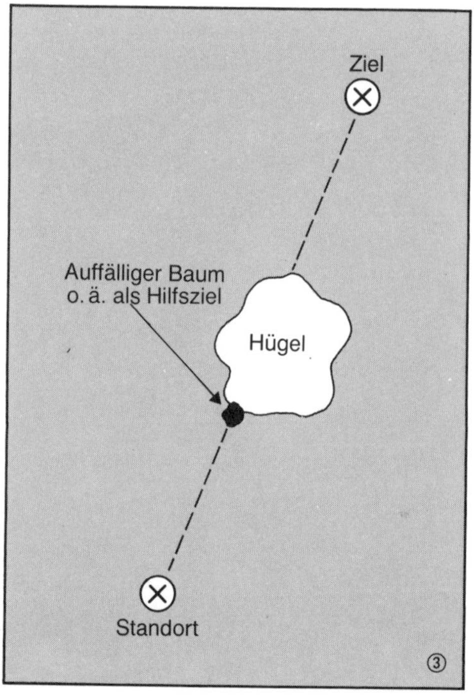

Marschrichtung bestimmen

Dazu verbindet man auf der Karte mit einem Lineal oder einem Bleistiftstrich den eigenen Standort mit dem angestrebten Ziel. Als Alternative kann auch die Kompaßkordel von einem zum anderen Punkt geradegespannt werden. Nun legt man die Visierkante des Kompasses an diese Linie an und dreht die Kompaßkapsel so lange, bis sich der Nordpunkt des Kompasses oben befindet (oder bis dessen Nord-Ost-Richtung parallel zu den Ortsnamen der Karte ist). Den so eingestellten Kompaß nimmt man nun von der Karte ab und läßt dessen Nadel spielen. Dazu muß der Kompaß absolut waagrecht gehalten werden und darf sich nicht in der Nähe metallener Gegenstände befinden, da sonst die Nadel abgelenkt wird. Jetzt wird der Kompaß so lange gedreht, bis der Nordpunkt der Kapsel und die nach Norden zeigende Spitze der Kompaßnadel übereinstimmen. Die Visiereinrichtung des Kompasses zeigt nun auf den anzureitenden Punkt (Abb. 2).

Ist das Ziel vom eigenen Standpunkt aus nicht zu sehen, so wird zuerst ein markanter Punkt (ein sog. »Hilfsziel«) in der gleichen Richtung angepeilt und dann an diesem der Vorgang wiederholt, bis man am Ziel angekommen ist (Abb. 3).

Umgehung von Hindernissen

Nicht immer ist es möglich, sein Ziel auf direktem Weg zu erreichen. Seen und steile Berge wird man in der Regel umgehen, will man nicht schwimmen oder die Kräfte seines Pferdes durch unnötiges Klettern vergeuden. Zu diesem Zweck sind auf dem Kompaß sog. *Umgehungsmarken* (Abb. 4) beiderseits der Nordmarkierung angebracht. Vor Erreichen des zu umgehenden Hindernisses stellt man die Kompaßnadel auf eine der Umgehungsmarken ein und merkt sich, wie lange man in dieser Richtung marschiert. Anschließend marschiert man genauso weit (und lang) mit der Kompaßnadel auf der anderen

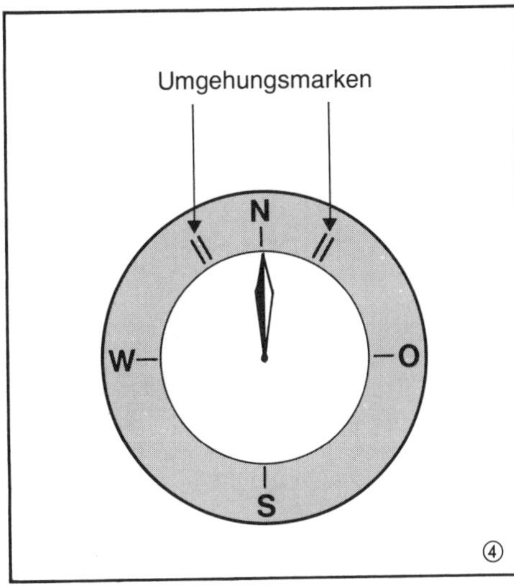

④

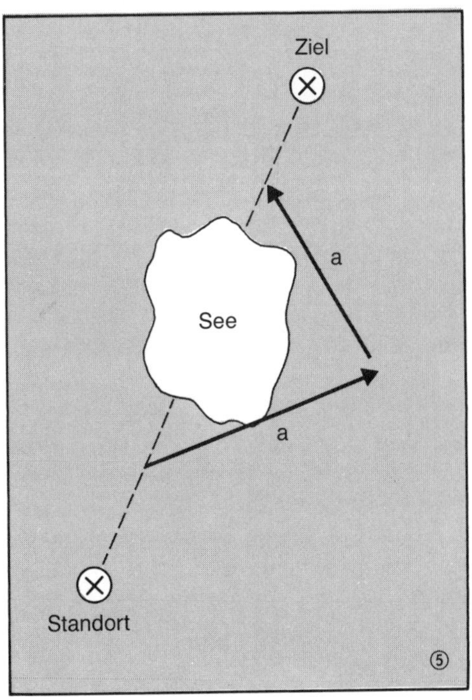

⑤

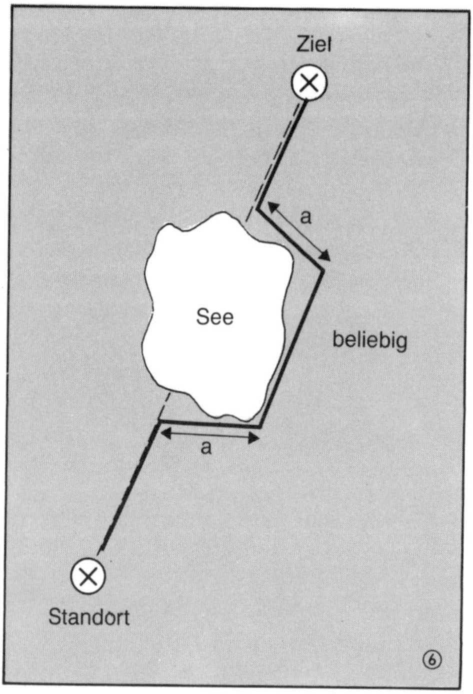

Umgehungsmarke. Wichtig ist dabei, daß man wirklich *gleich weit in beide Richtungen* geht. Dies kann beispielsweise durch Zeitmessung bei gleicher Gangart (5 Minuten Schritt oder 30 Minuten Trab in jede Richtung, oder 10 Minuten Schritt in die eine und 5 Minuten Trab in die andere Richtung) oder durch Schrittzählen erfolgen. Nachdem man das Hindernis umgangen hat, stellt man die Kompaßnadel wieder auf die Nordmarke der Kapsel und geht in der ursprünglichen Richtung weiter (Abb. 5, Seite 93).

Selbstverständlich kann man auch beliebig lange vor dem Zurückkehren auf den ursprünglichen Weg parallel zu diesem weiterreiten (Abb. 6).

Praktischer Umgang mit der Karte

Im Originalzustand sind Landkarten recht unpraktisch; zumeist muß man sie ganz auffalten, um an den gesuchten Fleck zu kommen. Jeder, der schon einmal auf dem Pferderücken sitzend mit der Karte in einer Hand gegen den Wind angekämpft hat, wird folgenden Rat zu würdigen wissen:

Da der Rand mit den Zeichenerklärungen für uns überflüssig ist (diese hat man sich vorher schon genau angesehen), wird er zuerst nach hinten weggefaltet. Anschließend faltet man die Karte der Länge nach, so daß die bedruckte Seite nach außen kommt. Dieser lange Streifen wird nun wie eine Ziehharmonika zusammengelegt. Jetzt läßt sich der benötigte Teil der Karte rasch finden. – Sehr praktisch ist es in vielen Fällen auch, vier einzelne Karten zu einer einzigen zusammenzukleben. Natürlich müssen alle genau zusammenpassen. Als Klebstoff eignet sich ganz gewöhnlicher Uhu. Wie beim einzelnen Kartenblatt wird der überflüssige Rand zuerst nach hinten weggefaltet; dann wird die Karte in der Mitte gefaltet, dann noch einmal, und schließlich wird eine »Ziehharmonika« daraus gemacht. (Siehe hierzu die gegenüberliegende Abb.)

Bei täglichem Gebrauch und gar durch Regen verschleißt die Karte schnell. Praktisch ist es daher, sie in eine durchsichtige Plastikhülle zu stecken; man kann sie auch mit Folie überziehen oder auf eine Leinwand aufkleben. Ersteres ist am einfachsten und hat den Vorteil, daß man auf der Karte Korrekturen anbringen oder besonders schöne Wegstrecken für spätere Ritte markieren kann.

Hat man auf seinen Wanderritten viel Kartenmaterial dabei, so empfiehlt es sich, eine *Kartentasche* anzuschaffen.

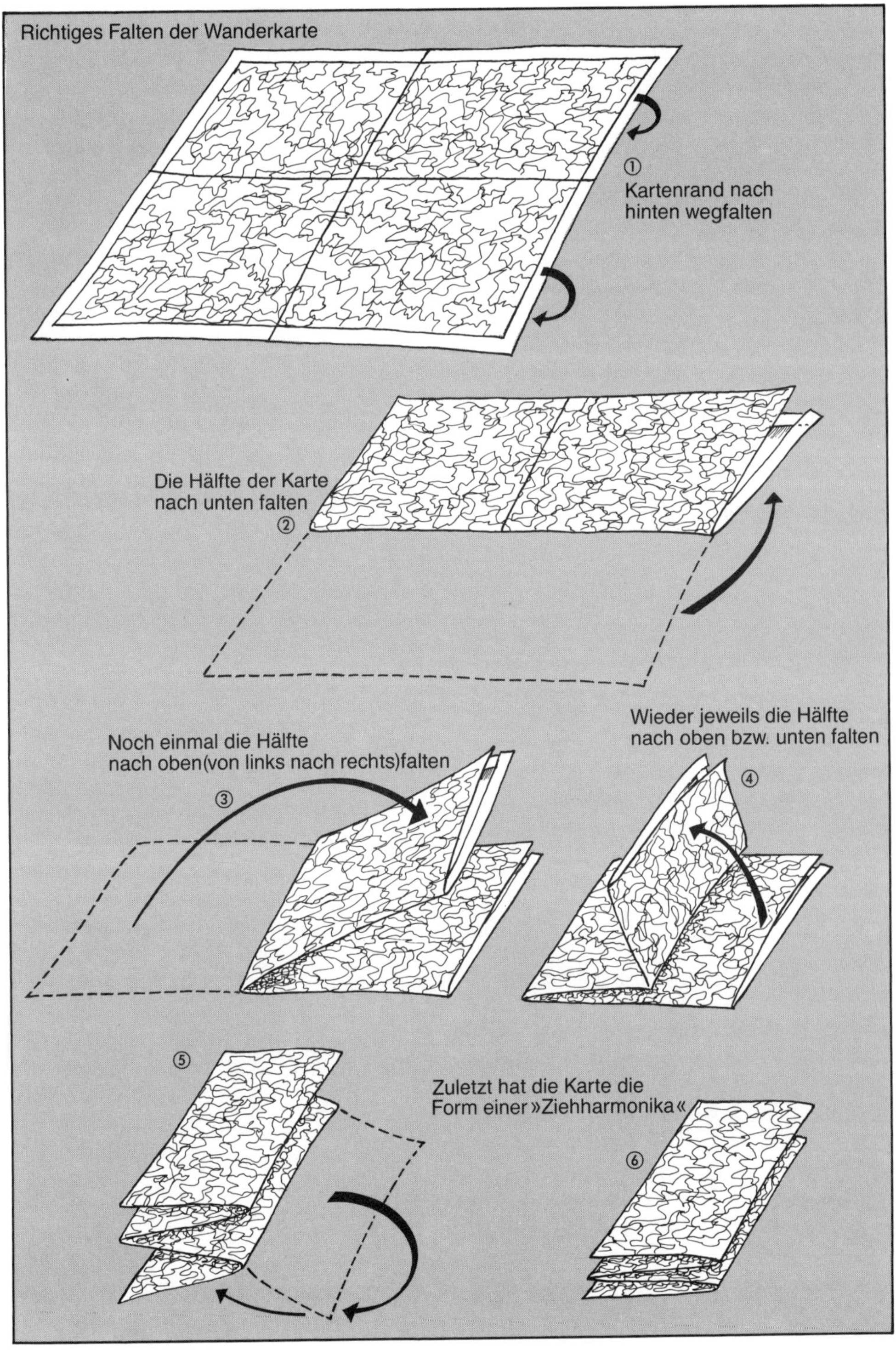
Richtiges Falten der Wanderkarte
①
Kartenrand nach
hinten wegfalten
Die Hälfte der Karte
nach unten falten
②
Noch einmal die Hälfte
nach oben(von links nach rechts)falten
③
Wieder jeweils die Hälfte
nach oben bzw. unten falten
④
⑤
Zuletzt hat die Karte die
Form einer »Ziehharmonika«
⑥

Am liebsten ist mir das alte deutsche Militärmodell, ersatzweise eine umgebaute Kradmeldertasche der Bundeswehr. Bei letzterer wird der Tragriemen abgeschnitten; statt dessen befestigt man zwei Riemchen, mit denen sich die Tasche am Sattel oder am Gürtel anschnallen läßt. Abgesehen von den Karten kommen Schreibzeug, Impfpaß, Leuchtgamaschen, Sonnenschutzcreme, Taschenlampe und – soweit nötig – die Reservebrille in die Kartentasche. Der Kompaß dagegen kommt in die Hemd- oder Hosentasche und wird mit einer Kordel gesichert (am besten hängt man ihn um den Hals, oder man bindet ihn an einem Knopfloch fest).

Die Karte zeigt uns unterwegs nicht nur den richtigen Weg, sondern leistet noch alle möglichen andere gute Dienste:

Bundeswehr-Kradmeldertasche, Vorderseite.

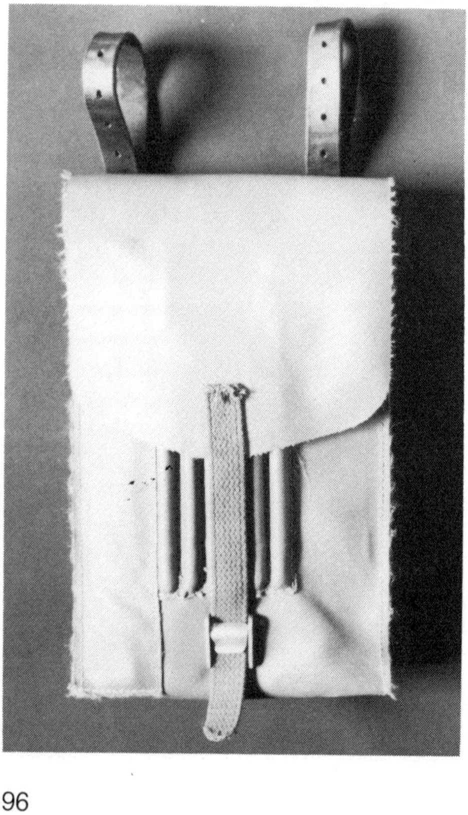

Bäche, an denen man seine Pferde tränken will, muß man anhand der Karte überprüfen, ob an ihrem Oberlauf Ortschaften liegen, deren Abwässer den Bach verschmutzen können. Allerdings ist das noch lange keine Gewähr dafür, daß das Wasser von den Pferden ohne Gefahr getrunken werden kann – leider können auch Spritzmittel aller Art von Feldern oder Weinbergen in das Wasser gelangen, also Vorsicht! In unberührten Gegenden des schottischen Hochlandes führt praktisch jeder Bach Trinkwasser – eine bei uns leider nur noch höchst selten vorzufindende Tatsache. Keine Karte zeigt an, ob das Bachufer steil, sumpfig oder zugewuchert ist. Zum Überqueren der meisten Bäche muß man sich also eine Brücke suchen. Sie gilt es aber auf Tragfähigkeit und Löcher im Belag zu untersuchen, ehe man sein Pferd darüberführt!

Fähren sind eine feine Sache, wenn die Pferde an sie gewöhnt sind. Ist der Belag der Fähre aus Holz und geht ein ruhiges, erfahrenes Pferd voran, so folgen die anderen, ohne Schwierigkeiten zu machen. Besteht der Belag der Fähre aber aus Eisenplatten, so kann das dröhnende Geräusch ein nervöses oder junges Pferd in Angst und Schrecken versetzen, was recht verständlich ist. Oft hilft hier auch kein gutes Zureden mehr. Das unerfreulichste an den auf der Karte eingezeichneten Fähren ist die Tatsache, daß sie manchmal schon lange außer Betrieb sind. Unangenehm wird es, wenn man sich auf ihre Existenz verlassen hat; dann werden oft gewaltige Umwege unvermeidbar. Man sollte sich also nicht auf seine Karte verlassen, sondern sich stets vorher erkundigen – am einfachsten ist es, man fragt telefonisch beim Postamt oder bei der Gemeindeverwaltung der nächstgelegenen Ortschaft nach.

Noch ein Wort zum Übersetzen mit der Fähre: Absitzen, Steigbügel hochschlagen und führen! Tip: Der Fährmann kennt die Gegend meist wie seine eigene Hosentasche – genauso wie Schäfer und Jäger. Er ist also die geeignete Auskunftsperson für Ihren Weg.

Militärische Anlagen Da sie normalerweise auf keiner Karte eingezeichnet sind, tut man sich als Wanderreiter recht schwer. Gerät man aus Versehen doch einmal in solches Gelände, sucht man den kürzesten Weg aus ihm heraus. Begegnet man Militärs, fragt man diese nach dem Weg. Personalausweis oder Paß sind in einer solchen Situation vorzuweisen (Ausweispapiere sollte man stets bei sich tragen!), andernfalls kann es u. U. recht unangenehm für einen werden. Vor einigen Jahren geriet ich in solch eine mißliche Lage, hatte dabei aber großes Glück und bekam sogar zwei nette Führer im Jeep dazu, die mich aus dem Gelände geleiteten!

Weinberge Im Herbst muß man wegen der Weinbergsperren sämtliche Weinberge umgehen, sonst kann's recht teuer werden; schließlich haben die Winzer nicht ohne Grund Angst um ihre Weintrauben! Für **Obstanlagen** gilt das gleiche: Man muß um sie herumreiten, es sei denn, ein freundlicher Bauer führt einen hindurch.

Der Kompaß

Einen Kompaß muß man bei einem Ritt in fremdem Gelände immer dabeihaben. Man denke nur an Nebel oder dichten Wald, in dem es schwerfällt, sich an der Sonne zu orientieren. Kompasse gibt es ab ca. 10 DM. Im Flachland genügt ein einfacher Kompaß mit Spiegel; ist man öfters im Hügelland unterwegs, so empfiehlt sich eines der Militärmodelle. Im Hochgebirge dagegen soll der Bezard-Kompaß aus der Schweiz ideal sein.

Karte und Kompaß hat man immer dabei.

Den Umgang mit dem Kompaß im Gelände sollte der Reiter schon vor dem Wanderritt geübt haben.

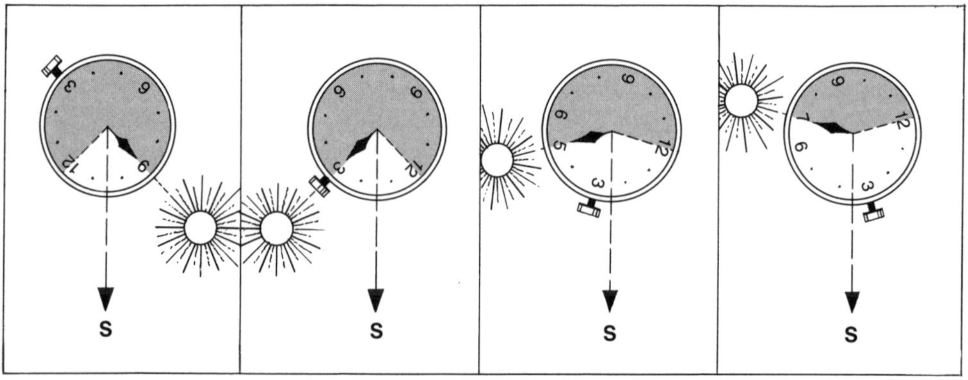

Behelfsmäßiges Feststellen der Südrichtung mit Hilfe eines Zifferblatts.

Der Umgang mit dem Kompaß muß natürlich auch geübt werden (man tut dies am besten bereits während der Trainingszeit), vor allem wenn man einen Präzisionskompaß benützt. Diese hochempfindlichen Instrumente haben nämlich die Eigenschaft, nur dann richtig anzuzeigen, wenn sie genau waagrecht gehalten werden. Wie man mit einem Kompaß umgeht, ist in der jeweiligen Gebrauchsanweisung nachzulesen. Wichtig ist vor allem, die Übertragung der Marschrichtung von der Karte auf das Gelände zu üben, ebenso die Bestimmung des eigenen Standortes.

Notfalls kann man die Nordrichtung auch ohne Kompaß bestimmen: Richtet man den Stundenzeiger seiner Uhr auf die Sonne, so liegt Süden auf der Winkelhalbierenden des durch diesen Zeiger und die Zwölf des Zifferblattes gebildeten Winkels. Auch die Bäume helfen uns bei der Bestimmung der Himmelsrichtung: Ihre Stämme tragen auf jener Seite mehr Moos, die nach Westen zeigt. – Die Methode mit dem Polarstern wird man wohl im selteneren Fall anwenden.

Ein Tip zur Orientierung im Gelände

Hat man sich in bekanntem oder unbekanntem Gelände aufgrund von schlechtem Wetter oder Schneetreiben trotz aller Vorsicht verritten, so kann es günstig sein, dem Pferd die Zügel zu geben und sich auf dessen Orientierungssinn zu verlassen. Das Ortsgedächtnis eines Pferdes ist im allgemeinen wesentlich besser als das des Menschen.

Hier ein Beispiel aus eigener Erfahrung zur Veranschaulichung: Eines Tages kam ich mit meinem *Rasmus* wieder in ein Dorf, in dem wir vor Jahren einmal Quartier gemacht hatten. Schon vorher hatte er Tempo zugelegt und steuerte anschließend selbständig »seinen« Stall an. Und eine weitere Episode: Vor einigen Jahren gerieten wir, als wir unterwegs waren, um Bekannte zu besuchen, in einen schweren Schneesturm. Die Sichtweite betrug gerade 10 Meter, den Weg hatten wir verloren – ich ließ meinem *Rasmus* die Zügel, und er brachte uns zügig ans Ziel.

Natürlich darf man von einem Pferd, das nur in der Bahn geritten wird, nicht erwarten, daß es von Anfang an so reagiert wie ein »altes« Wanderpferd. Zwar ist das fabelhafte Ortsgedächtnis dem Pferd angeboren; aber Fähigkeiten, die es nie einsetzen kann, verkümmern, genauso wie beim Menschen. *Rasmus'* Nachfolger, *Alarich,* ein Ex-Springpferd, brauchte über ein Vierteljahr, um seinen Orientierungssinn zu »kultivieren«. Inzwischen kennt er sich aber im Gelände auch recht gut aus.

Planung der Tagesetappen

Zur Planung der Tagesetappen kann folgendes als Richtwert dienen:

Schritt	125 Schritt/Minute oder 6 km/Stunde oder Tempo 10 (= min/km)
Trab	275 Schritt/Minute oder 12 km/Stunde oder Tempo 5 (= min/km)

Trabt man zum Beispiel die Hälfte der Zeit und reitet die andere Hälfte im Schritt, so legt man ca. 9 km in der Stunde zurück, oder, anders ausgedrückt, man braucht pro Kilometer zwischen 6 und 7 Minuten.

Als ungefährer Anhaltspunkt für die Zeiteinteilung kann folgendes Rechenschema gelten:

Entfernung von Ausgangspunkt und Ziel (Luftlinie) mal 1,5 geteilt durch 6 ergibt die ungefähre Reitzeit in Stunden.

Hierbei sind natürlich größere Umwege nicht berücksichtigt, desgleichen erreicht man im Bergland wesentlich geringere Marschleistungen als im Flachland. So sind im hügeligen Gelände 45 km ein guter annehmbarer Mittelwert, im Gebirge können 25 km manchmal sehr viel sein, und im Flachland sind 80 km keine Anstrengung. Ein genaues Abfahren der Strecke auf der Karte mit dem Kurvenmesser *vor* Antritt des Marsches erleichtert die Berechnungen der Tagesetappen.

Am Anfang kann man nie in Schwierigkeiten kommen, wenn man die Etappen eher kürzer als zu lang ansetzt.

Ablauf eines Marschtages – ein Beispiel

Spätestens um sechs Uhr ist die Nacht vorbei! Als erstes werden die Pferde getränkt, dann gefüttert. Anschließend Frühstück der Reiter, Teewasser wird auf dem Esbitkocher heiß gemacht (Pulverkaffee ist nicht jedermanns Sache, und gefilterter Kaffee verursacht unterwegs zuviel Aufwand). Danach geht es ans Aufräumen, Packen und an die persönliche Morgentoilette. Nach ein oder besser zwei Stunden fängt man mit dem Putzen der Pferde an, dabei werden Beschlag, Sehnen und Sattellage kontrolliert. Dann wird ausgemistet und noch brauchbares Stroh der weiteren Verwendung im Stall des Gastgebers zugeführt. Anschließend satteln und beladen wir die Pferde; eine abschließende Kontrolle ist wichtig. Inzwischen ist es acht oder neun Uhr geworden, Zeit für den Abschied vom Quartiergeber (Adresse geben lassen, um sich später per Postkarte oder auch mit ein paar Fotos vom Ritt zu bedanken!) und den Abmarsch. Nachtränken!

Am ersten Reisetag nimmt man sich nicht zuviel vor.

Man macht auch keinerlei Experimente und richtet es sich so ein, eventuell vergessene wichtige Ausrüstungsstücke nachkommen zu lassen.

Jede Stunde führt man sein Pferd für etwa 10 Minuten.

Am besten geschieht dies dann, wenn man sowieso nur Schritt reiten kann, also in geschlossenen Ortschaften, auf harten Straßen und an steilen Auf- und Abstiegen. Dies tut man sowohl dem Pferd als auch sich selbst zuliebe: Zum einen wird der Rücken des ohnehin schon schwerbeladenen Vierbeiners entlastet, zum anderen kommt beim Reiter der Blutkreislauf wieder in Bewegung, eingeschlafene Füße wachen auf, und sonstige Steifheiten verschwinden ebenfalls. Permanent im Sattel sitzen zu bleiben wäre falsch verstandener Stolz, der keinem nützt!
Nach dem Überwinden größerer Steigungen gönnt man seinem Pferd und sich eine *Verschnaufpause.* Allein das Lockern des Sattelgurtes bringt dem Pferd keine bedeutende Erleichterung, dagegen ist es beim Führen des Pferdes sehr wahrscheinlich, daß die Satteldecke nach hinten rutscht und man unter Umständen vollkommen absatteln und wieder neu aufsatteln muß.
Für die *Mittagsrast* gibt es zwei Möglichkeiten: Entweder sucht man sich ein Gasthaus mit geeignetem »Parkplatz« für die Pferde oder ein passendes Plätzchen im Gelände.
Die Mittagsrast im Gasthaus hat für die Reiter zweifelsohne Vorteile. Nur wohin mit den Pferden? Hat man Glück, so kann man die Pferde absatteln und ihnen Heu vorlegen; getränkt wird sowieso. Ideal ist eine Gartenwirtschaft mit Blick auf die Pferde; ansonsten muß einer der Reiter, der selbstverständlich abgelöst wird, als Stallwache zurückbleiben, damit weder die Pferde noch neugierige Dorfbewohner Unfug anstellen können.
Etwas romantischer ist die Rast im Freien, im Idealfall an einem sauberen Bach und mit ausreichend Gras für die Pferde. Diese bindet man entweder kurz und hoch an, so daß sie sich nicht wäl-

zen und das Sattelzeug beschädigen können, oder man läßt sie laufen, allerdings am besten mit Hobbels versehen. Sattelt man nicht ab, muß man immer darauf achten, daß sich keines der Tiere wälzt. Ein gebrochener Sattelbaum macht den Sattel unbrauchbar und führt zu Satteldruck – ganz abgesehen davon, daß die Reparatur recht teuer wird. Hat man genügend Zeit, ist es immer besser, abzusatteln. Dabei läßt man aber die umgedrehte (!) Decke bis zum Austrocknen der Sattellage auf dem Pferd liegen, vor allem auch in der Nierengegend. Ein nasses Pferd (das sollte es auf einem Wanderritt zwar gar nicht geben) stellt man selbstverständlich weder in die Sonne noch in den Wind. Das Mittagessen der Reiter wird griffbereit – nicht zuunterst – in den Packtaschen mitgeführt. Geholt hat es einer der Reiter im zuletzt passierten Dorf. Übrigens läßt sich der um den Pferdehals gehängte Tränkeimer auch gut als »Einkaufskorb« einsetzen.

Das Ende der mittäglichen Rast nutzt man zur Kontrolle von Pferd und Sattelzeug.

Gegen Abend, wenn man sich dem Übernachtungsort nähert, verfällt man nicht etwa in einen wilden Galopp, sondern reitet schön langsam. Wer kommt im Quartier schon gern mit einem naßgeschwitzten Pferd an und reibt es dann trocken, um nach getaner Arbeit nur selbst schweißgebadet dazustehen! Der Ritt wird so geplant, daß man etwa zwei bis drei Stunden vor Sonnenuntergang im Quartier eintrifft. Einmal ist immer noch alles mögliche zu besorgen und herzurichten, zum anderen macht es wirklich keinen Spaß, in der Dunkelheit und in unbekannter Umgebung mit der Taschenlampe herumsuchen zu müssen. Auch sollte immer ein gewisser Spielraum für nicht eingeplante Zwischenfälle zur Verfügung stehen.

Nun werden erst einmal die Pferde draußen angebunden; einer der Reiter paßt auf sie auf, während die anderen den Stall ausräumen, ausmisten, einstreuen (reichlich, schließlich wollen und sollen sich die Pferde nachts auch hinlegen) und Heu in die Krippen schütten. Hafer wird erst nach ½ bis 1 Stunde vorgelegt. Getränkt werden die Pferde das erste Mal, bevor man sie in den Stall führt, und dann noch einmal 1–2 Stunden nach dem Füttern. Beim Führen der Pferde in den Stall paßt man auf, daß sie weder an der Tür anstoßen noch auf dem Stallboden ausrutschen. Abgesattelt wird – soweit möglich – vor dem Stall. Über Nacht muß das Sattelzeug vor den Pferden gut gesichert untergebracht werden, am einfachsten auf einem Traktoranhänger. Naßgeschwitzte Satteldecken hängt man über Nacht zum Trocknen auf.

Wichtig ist es auch, sich darüber zu informieren, wo sich das WC, der Lichtschalter und der Wasserhahn befinden. Wenn die Pferde gut fressen und keine Unruhe zeigen, kurz, sich in der fremden Umgebung zu Hause fühlen, können sich die Reiter um sich und ihre eigene Bequemlichkeit kümmern, d. h. den Schlafsack im Stroh ausrollen oder sich in ihr eigenes Quartier begeben, Abendessen einnehmen und so weiter. Daß man nachts auch mal nach dem Wohlbefinden der Vierbeiner schaut oder, noch besser, eine Stallwache zurückläßt, ist eine Selbstverständlichkeit. Ist es noch hell genug, nachdem die Pferde geruhsam gefressen haben, kann man die Pferde vom gröbsten Schmutz befreien. Das soll jedoch nicht heißen, daß am Abend noch große Betriebsamkeit im Stall entwickelt wird; schließlich wollen auch die Pferde nach einem langen Wandertag ihre Ruhe haben. Zapfenstreich für die Reiter ist früh, am besten schon um 22 Uhr. Nach einer durchzechten Nacht kommt man früh schlecht aus den Federn!

Bei längeren Ritten legt man ab und zu einen *Ruhetag* ein. Ideal dafür sind Orte, wo Boxen und eine Weide für die Pferde sowie Beschäftigungsmöglichkeiten für die Reiter zur Verfügung stehen. Orte mit hohem Freizeitwert, an denen auch die Kultur zu ihrem Recht kommt und Besichtigungen durchgeführt werden können, sind besonders zu empfehlen. Unter diesem Gesichtspunkt sollte man von vornherein seinen Ritt planen und sich durch entsprechende Lektüre vorbereiten. Andererseits ist der Ruhetag auch für die eventuell anfallenden Reparaturen am Hufbeschlag, am Sattelzeug und der restlichen Ausrüstung notwendig. Auch der Gang zur Bank oder Post wird von Zeit zu Zeit nicht zu umgehen sein, da man besser keine allzu hohen Bargeldbeträge mit sich führt. Nicht zuletzt mag der eine oder andere den Wunsch nach einer Dusche und einem ordentlichen Nachtlager verspüren. Deshalb wird man wenigstens an einem Tag zur Abwechslung nicht im Heu, sondern in einer Pension oder einem Hotel übernachten.

Bei der Rückkehr freuen sich Pferd und Reiter, wenn der Stall schon fertig hergerichtet auf sie wartet. Das heißt, daß vor dem Abritt der Stall kurz ausgemistet und eingestreut wird. Heu kann man ebenfalls zurechtlegen, auch den Wassereimer kann man griffbereit aufstellen (noch nicht füllen, da das Wasser nur abgestanden wäre). Der Hafer kommt noch nicht in die Krippe, da die Pferde erst Heu fressen sollen, um keine Kolik zu bekommen. Das Herrichten des Stalles kostet am Abreisetag nur wenig Zeit und macht sich bei der Rückkehr bezahlt, da man dann müde und abgespannt ist, sich nach der Dusche sehnt und nicht noch lang im Stall herumzuarbeiten haben will. Mit dem Abwarten der Pferde und dem Aufräumen des Gepäcks hat man sowieso schon genug zu tun! Bei warmem Wetter freuen sich auch die Pferde über ein Bad.

Handsignale – nützlich für den Ritt in der Gruppe

Je mehr Reiter in einer Gruppe sind, desto wichtiger wird diszipliniertes Reiten. Geritten wird in dem Tempo, das der Anführer der Gruppe angibt. Es wird nicht überholt. Selbstverständlich ist das Einhalten des Sicherheitsabstandes vom Vordermann, kein plötzliches Anhalten bei nachfolgendem Hintermann wie auch das Reiten am Schluß der Gruppe mit einem »Schläger«.
Zur Vermeidung von Aufreiten und Durcheinander ist es recht praktisch, bei großen Gruppen kommende Gangart- und Richtungswechsel durch Handzeichen anzukündigen. Unsere Stimme wäre möglicherweise dazu unzureichend; ja, sie würde wohl buchstäblich im Wald verhallen. Am besten übernimmt man die Handzeichen unserer alten Kavallerie (nach HDV 465/1):

- Hochgehobener, gestreckter Arm (1):
  Achtung! Ankündigung eines Kommandos.
- Gestreckten Arm seitwärts senken:
  Nächstniedrigere Gangart!
  Wiederholtes Zeichen bedeutet weiteren Übergang in niedrigere Gangarten:
  z. B. vom Galopp zum Schritt oder vom Trab zum Halten.
- Zeigen mit dem Arm in eine Richtung:
  Marschrichtung bzw. *Folgen!*
- Hochgehobenen Arm wiederholt scharf nach unten stoßen:
  Halten bzw. *Absitzen!*
- Arm mehrmals in Schulterhöhe nach einer Seite seitwärts stoßen (2):
  Rechts bzw. *Links heran!*
- Arm einmal hochstoßen:
  Aufsitzen!
- Arm mehrmals hochstoßen (3):
  Marsch bzw. *Nächsthöhere Gangart!*

①

②

③

Biwak unter freiem Himmel

Das klingt sehr romantisch und ist auch recht schön, wenn das Wetter mitspielt, aber jeder überlege sich vorher, was genau auf ihn zukommt. Als erstes muß man sich die erforderliche *Genehmigung* des Grundstückseigentümers oder zuständigen Försters *zum Zelten, Feuermachen und Holzsammeln besorgen.* Dies geschieht am besten schriftlich, wenn man länger dortbleiben will, desgleichen sollte man das Entgelt vorher festsetzen.

Den Lagerplatz sucht man sich nach folgenden Gesichtspunkten aus: Er sollte nicht inmitten des Waldes liegen; zum einen wegen des Lagerfeuers, zum anderen könnte ein Sturm Äste abreißen und diese auf das Zelt oder – schlimmer – die Pferde schleudern. Außerdem tropft es nach einem Regen von den Bäumen herab, was recht unangenehm ist. Günstig ist es dagegen, das Lager am Waldrand oder im Windschatten einer Hecke aufzuschlagen, desgleichen in stillgelegten Steinbrüchen oder Kiesgruben. Das Hauptproblem ist immer die Wasserversorgung; es sollte entweder ein sauberer Bach, eine Quelle oder ein Bauernhaus in der Nähe sein, oder man erhält das Wasser per Faß aus dem Begleitfahrzeug.

Abfälle nimmt man mit nach Hause oder, falls sie verrotten, vergräbt sie tief genug im Boden; letzteres gilt auch für die »Visitenkarte« der Reiter. Der Roßmist dagegen verwittert mit der Zeit.

Pferdefutter braucht man auch, Hafer für einen Tag ist ja kein Problem. Hat man Glück, können die Pferde grasen, notfalls ist ein Heunetz mitzunehmen – bequemer ist es, wenn ein Begleitfahrzeug mit Pferdehänger zur Verfügung steht.

Beim Biwak im Gelände sollte man auch dafür sorgen, daß die Pferde sich zum Ausruhen hinlegen können. Das heißt, daß eine weiche Streu zu beschaffen ist: Sandboden und nadel- oder laubbedeckter Untergrund sind ideal. Andererseits ist Sandboden jedoch gefährlich, da die Pferde den Sand mitfressen können (Sandkolik!). Hafer darf man deshalb nie direkt vom Erdboden verfüttern. Bei Einsatz eines Troßfahrzeuges kann man sich auch ausreichend Stroh nachfahren lassen. Auch Moos und Heidekraut sind immer noch besser als überhaupt keine Einstreu. Unvernünftig ist es hingegen, die Pferde einfach irgendwo anzubinden, ohne Rücksicht auf die Bodenbeschaffenheit; schließlich parkt man ja kein Auto!

Wird das *Zelt* von dem Begleitfahrzeug transportiert, braucht man auf dessen Größe und Gewicht keine Rücksicht zu nehmen und kann in einer Luxuswohnung übernachten. Muß das Zelt hingegen mit aufs Pferd gepackt werden, gibt es nur die Möglichkeit, entweder ein Bergsteigerzelt zu verwenden oder mehr oder weniger spartanisch zu nächtigen: Dreieckszeltbahnen zusammengeknöpft oder zwei Ponchos ergeben auch ein Zelt; Heringe und Zeltstangen wachsen im Wald, nur die Zeltleine (5-m-Kordel, 4 mm Durchmesser) darf nicht vergessen werden! Aufgestellt wird das Zelt auf einer Anhöhe, am besten auf sandigem oder kiesigem Untergrund, wo das Wasser leicht abläuft. Den Abflußgraben für Regenwasser legt man an, *bevor* es regnet! Das Sattelzeug muß auf jeden Fall wassergeschützt untergebracht werden – entweder man steckt es in einen wasser-

dichten Packsack oder hängt es auf einer Stange zwischen zwei Bäumen auf, legt einen Poncho darüber und knöpft diesen zu. Normalerweise ist im Zelt nämlich kein Platz mehr dafür.

Die *Feuerstelle* wird weit genug vom Wald und von den Zelten entfernt angelegt. Das Feuer hält man nur so groß wie unbedingt nötig, am besten kocht es sich direkt über der Glut. Weichholz (dürre Zweige, trockene Unterrinde von Birken usw.) wird zum Feuermachen, Hartholz zum Kochen (trockene Äste vom Baum, Fallholz ist zumeist mit Feuchtigkeit vollgesogen) verwendet. Wird das Feuer nicht mehr benötigt, werden entweder – soweit möglich – seine *Spuren völlig beseitigt* – oder – und das auf jeden Fall – das Feuer wird *mit reichlich Wasser gelöscht.* Anschließend schaufeln wir Erde darüber und legen – wie bei den Pfadfindern – zwei trockene Holzstücke kreuzweise über die Feuerstelle, damit jeder erkennt, daß unser Feuer ordnungsgemäß ausgemacht wurde.

Dies sollte genügen, um darüber aufzuklären, welche Voraussetzungen bei einem Biwak unter freiem Himmel zu erfüllen sind und was dabei auf uns zukommt. Jeder überlege sich vorher, ob der Zeitaufwand sich für ihn lohnt, ob er sich die damit verbundene Arbeit machen will und mögliche Risiken, wie z. B. morgens vor nassen Pferden zu stehen, auf sich nehmen möchte. Wenn alles klappt, gibt es kaum etwas Schöneres; genügend Sinn für Romantik sollte allerdings jeder Teilnehmer mitbringen.

Wer sich genauer über Waldläufer-, Pfadfinder- und Survivaltechniken informieren möchte, sei auf die einschlägige Fachliteratur verwiesen.

Denken Sie bei Ihren Unternehmungen im Freien stets an Ihre Umwelt und an die, die nach Ihnen dieses Stück Natur betreten. Verhalten Sie sich umweltbewußt.

Richtiges Anbinden der Pferde

Verbringt das Pferd die Nacht in einem richtigen Pferdestall, so ist das Anbinden kein Problem. Zumeist wird es nachts aber in einem Behelfsstall oder einer leeren Scheune untergebracht sein. Irgendwo wird sich da schon ein Balken finden, um den man seinen Anbinderiemen oder den Strick legen kann. Beim Strick verwendet man am besten einen *Panikknoten,* der in einer Richtung bombenfest hält und bei Zug am anderen Ende blitzschnell aufgeht. Wie ein solcher Knoten gemacht wird, zeigt die untenstehende Abbildung.
Nachdem das freie Seilende durch den Anbindering geführt wird, zieht man es wieder durch die Schlaufe, so daß sich eine neue Schlaufe bildet. Dieser Vorgang wird so oft wiederholt, bis nur noch ein paar Zentimeter übrigbleiben. Dieses Stückchen Seil steckt man nun als Sicherung durch die letzte Schlaufe. Die Seillänge ist so zu bemessen, daß das Pferd sich zwar hinlegen, aber nicht in den Strick steigen kann.

Panikknoten.

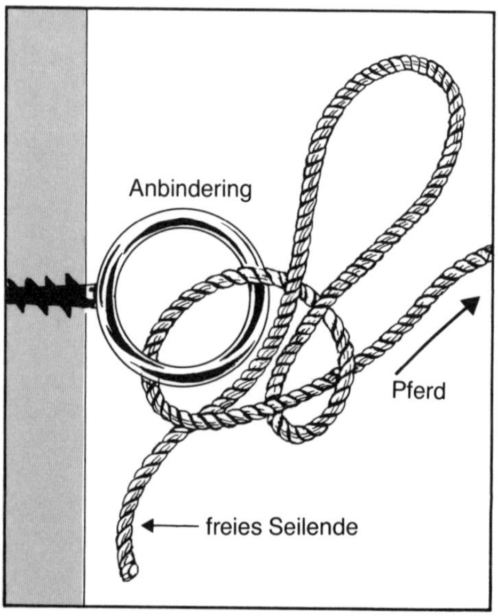

Von *Panikhaken* halte ich nicht sehr viel; unseren Pferden gelingt es, diese Haken durch einfaches Entlangscheuern an einer Kante sehr schnell zu öffnen. Und wenn die Pferde in einem fremden Stall erst einmal frei sind, kann die Hölle los sein: Ein Pferd geht an den Hafer, das andere ans Sattelzeug, manche prügeln sich, ganz abgesehen von der Verletzungsgefahr für die Pferde durch herumstehende Geräte. Im Behelfsstall kann es nie schaden, abwechselnd einen oder zwei Reiter als *Stallwache* einzuquartieren.
Ganz praktisch ist es, pro Pferd je einen *Anbindering* mitzuführen. Dieser wird bis zum Anschlag in einen Riß eines Balkens eingedreht und nach Gebrauch wieder entfernt. Solch einen Anbindering kann man sich ohne weiteres selbst herstellen: Man sägt einen eisernen Ring von etwa 35 bis 40 mm Durchmesser auf und schweißt ein ca. 65 mm langes Stück einer starken Holzschraube (der Kopf wurde vorher abgesägt) in den dafür genügend weit aufgebogenen Schlitz. Anschließend wird der Anbindering noch mit Rostschutzfarbe angestrichen (nicht das Gewinde!).
Führt man den Anbinderiemen durch den Anbindering und verbindet man das freie Ende mit einem Steigbügel als Gewicht, hat man das gleiche Prinzip verwirklicht, nach welchem bessere Ständer mit deren *Stallkugel* aus Holz arbeiten: Der Anbinderiemen oder -strick ist immer straff gespannt, und so kann das Pferd mit den Vorderfüßen nicht in den Strick treten.

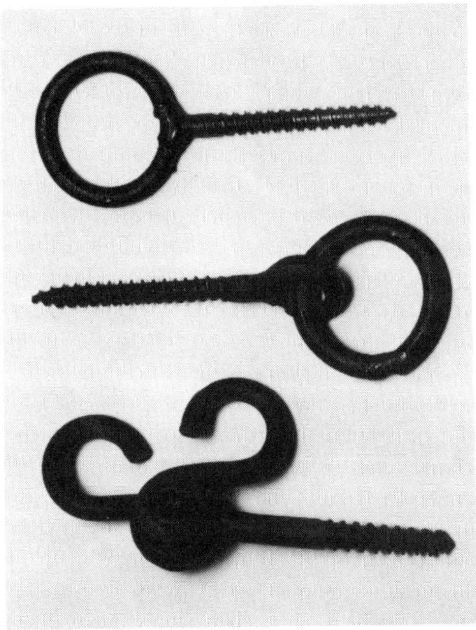

Verschiedene Anbinderinge.

Mauerhaken: nützlich in Bruchsteinställen und Scheunen.

Leichterer Anbindehaken.

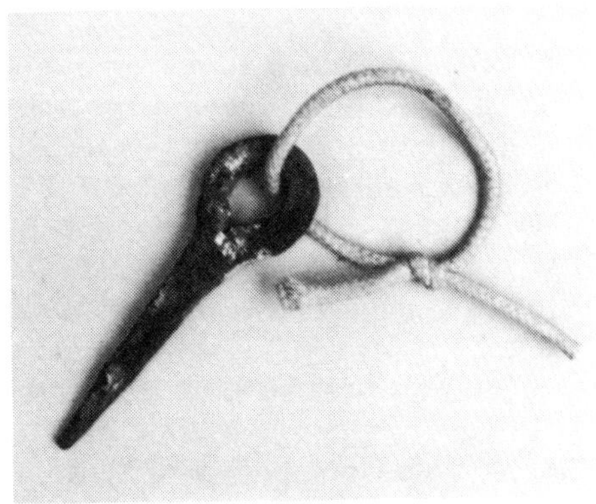

Ganz leichter Anbindehaken. Der Anbindestrick wird an der Schlaufe befestigt, die so als »Sicherung« wirkt.

Biwakiert man im freien Gelände, kann man, falls es der Waldbesitzer vorher erlaubt hat, zwischen zwei Bäume eine Stange legen und die Pferde daran festbinden. Statt der Stange kann man zwischen den Bäumen in etwa 1 m Höhe auch eine Stalleine (das ist ein fingerdickes, ca. 10 m langes Seil) spannen. Manchmal ist es günstig, zum Anbinden der Pferde in dem Seil in 1,5 m Abstand Schlaufen anzubringen, um ein Verschieben der Anbindestricke zu verhindern.
Einen Flankierbengel – das ist ein Abtrennungsbehelf – braucht man normalerweise nicht, es sei denn, die Pferde kämpfen untereinander; dann allerdings kann er nie fest genug befestigt sein!

Das Futter

Reitet man bei seinem Wanderritt einen bekannten Stall an oder hat das Vorauskommando schon alles hergerichtet, so gibt es keine Probleme. Reitet man dagegen in unbekannte Gegenden, so kann es auch hier in der Bundesrepublik Deutschland ohne weiteres passieren, daß man in einem Ort Quartier macht, in dem weder Hafer noch Pferdekorn zu bekommen ist. Dann heißt es improvisieren, d. h. man muß wissen, was es an Ersatzfuttermitteln gibt:

- **Gerste** kann zum Beispiel ganz gut den Hafer ersetzen (am besten wird sie aber grob gequetscht, geschrotet oder über Nacht eingeweicht);
- **Kleie** (angefeuchtet) bringt ca. 30 Prozent weniger Nährwert als Hafer;
- **Grünmais** eignet sich ebenfalls als Ersatz;
- **Roggen** und **Weizen** sind vorsichtig zu verfüttern;
- **Geschrotete Bohnen** (bis zu maximal einem Pfund) machen die Pferde noch munterer als Hafer.

Nachteil der Improvisation ist, daß man oft gezwungen wird, total ungewohnte Futtermittel zu verwenden. Und das kann bei den Pferden zu Kolik oder Durchfall führen. Meiner Erfahrung nach hat es sich gut bewährt, *eine Tagesration Hafer pro Pferd im Mantelsack zu verstauen* (ca. zehn Pfund Hafer oder Fertigfutter). Spätestens am nächsten Tag findet man einen Bauern oder ein Lagerhaus, wo man den Hafersack wieder auffüllen lassen kann; schließlich reiten wir nicht durch den Wilden Westen. Heu in einem Heunetz mitzuführen lohnt kaum, auch wenn dies von berittenen Einheiten zeitweise praktiziert wurde. Notfalls füttert man halt Stroh. Frisches Heu oder frisch gedroschenen Hafer darf man auf keinen Fall verfüttern, beides sollte mindestens vier Wochen alt sein, sonst Kolikgefahr! Muffiges oder schimmliges Heu verfüttert man ebenfalls nicht.

Und noch eines: Soll das Pferd Leistung bringen, braucht es ausreichendes Futter. Auch muß es genügend Zeit zum Fressen haben; mindestens zwei Stunden vor dem Abritt wird gefüttert. Der Großteil des Futters wird am Abend gegeben (ca. zwei Drittel der Ration). Getränkt wird vor dem Füttern und ca. eine Stunde danach, es sei denn, die Pferde hätten Wasser frei verfügbar.

Nicht fressen läßt man sein Pferd an Äckern; sie könnten gespritzt sein!

Auch vom Grasenlassen unterwegs halte ich nicht allzuviel, es sei denn, man macht eine längere Rast und hat eine schöne Wiese *und die Erlaubnis,* die Pferde darauf fressen zu lassen. Dazu kann man entweder sein Pferd am Anbindestrick halten, es hobbeln oder an einem Seil anhängen. Man verlasse sich aber nicht darauf, daß sich die Pferde unterwegs ihr Futter selbst suchen. Gras gibt keine Kraft, und außerdem wären die Pferde die ganze Nacht über auf den Beinen, um halbwegs satt zu werden.

Wer durch unberührte Wildnis reitet, ist auf diese Methode – mit entsprechenden Tagesetappen – angewiesen.

Futterration

Normalerweise müssen die Pferde auf einem Wanderritt mit zweimaliger Fütterung täglich auskommen. Der Großteil der Ration wird ihnen abends vorgelegt, weil sie dann die ganze Nacht über Zeit zum Fressen haben. Bewährt hat es sich, abends um 18 Uhr und nochmals um 22 Uhr Hafer zu geben. Morgens füttert man zwei Stunden vor dem Abritt. Entgegen der Ansicht mancher Reiter schläft ein Pferd nämlich nicht die ganze Nacht an einem Stück durch, sondern steht mindestens vier- oder fünfmal auf und legt sich nach einiger Zeit wieder hin. Das wird jeder bestätigen, der einmal eine Nacht im Stall zugebracht hat.

Die Pferde sind gemäß der vollbrachten Leistung und ihrer Größe zu füttern. Wie man die Hafer- und Heuration berechnet, findet man u. a. bei WALTER, in DLG-Veröffentlichungen und diversen anderen Büchern. Zwei Beispiele:

Die britische Armee fütterte an Pferde unter 150 cm Stockmaß neun Pfund Hafer und neun Pfund Heu am Tag, an größere Pferde elf Pfund Hafer und elf Pfund Heu (TYLDEN, S. 2). Im ehemaligen deutschen Heer erhielten Reitpferde zehn Pfund Hafer, neun Pfund Heu und acht Pfund Stroh täglich. Tragtiere bekamen acht Pfund Hafer, 13 Pfund Heu und acht Pfund Stroh (HDV 11/2).

Generell ist es kaum möglich, ein Pferd, das acht Stunden am Tag stramm marschiert, zu überfüttern: Was zuviel ist an Futter, läßt ein permanent gut gefüttertes Pferd liegen.

Kommen die Pferde erhitzt in den Stall, so erhalten sie zuerst nur etwa einen halben Eimer lauwarmes Wasser und Heu vorgelegt. Hafer und die volle Rauhfutterration bekommen sie erst später, wenn sich ihr Blutkreislauf wieder beruhigt hat.

Es ist falsch, direkt nach großen Anstrengungen die volle Futterration zu geben.

Futterumstellungen sind auf jeden Fall vorsichtig vorzunehmen. Wenn möglich, sollen nur kleine Mengen des anderen Futters das gewohnte Futter ersetzen.

Es ist sinnlos, vor oder nach größeren Leistungen die Haferration zu verdoppeln oder zu verdreifachen – das löst höchstens eine Kolik aus!

Wichtig ist auch die Beschaffenheit des Rauhfutters. Muffiges, schimmliges oder staubiges Heu sollte man keinem Pferd zumuten, sondern, so nichts Besseres aufzutreiben ist, durch Stroh (Hafer- oder Gerstenstroh) und erhöhte Haferrationen ausgleichen. Hierzu ist in der Heeresdienstvorschrift folgendes nachzulesen:

»Dumpfig riechender, sauer oder bitter schmeckender schimmliger oder ausgewachsener Hafer ist, da er auf die Gesundheit der Pferde nachteilig wirken kann, vom Füttern auszuschließen. Muß man notgedrungen derartigen Hafer füttern, so ist er vorher in der Sonne zu würfeln, auszustauben und mit Salzwasser zu reinigen. Mischung des Salzwassers: 10 Gramm Salz auf 2 Liter Wasser.« (HDV 11/2, S. 124)

»Verschimmeltes, dumpfiges Heu kann zu schweren Erkrankungen mit tödlichem Ausgang führen. Falls die Notlage zur Verfütterung zwingt, soll solches Heu durch Auseinanderlegen in der Sonne, durch längeres Lüften und durch Besprengen mit Salzwasser bekömmlicher gemacht werden. Mischung des Salzwassers: 10 Gramm Salz auf 2 Liter Wasser.« (HDV 11/2, S. 126)

Ein paar Pfund frisch gemähtes Gras, Luzerne, Grünmais, eine Rübe oder dergleichen als Beigabe machen jedem Pferd Appetit. Über Nacht eingeweichte Rübenschnitzel oder ein Mash werden auch ganz gern gefressen.
Befindet sich in der Futterkrippe ein jahrealter, fest angeklebter Bodensatz, bestehend aus Futterresten der Vorbewohner, Staub und Schmutz aller Art, und hat man keine Möglichkeit, diesen auszuwaschen oder den Abfall sonstwie zu entfernen, so bedeckt man ihn mit einer dicken Lage sauberen Strohs und schüttet die Haferration darüber. Dadurch vermeidet man, daß das Pferd sich am Geruch der Krippe stört oder gar den alten Bodensatz mitfrißt und daraufhin eine Kolik bekommt.
Steht im Quartier keine Krippe zur Verfügung, so formt man in der Heuration eine Mulde, in die man den Hafer schüttet. Dabei geht nur sehr wenig Hafer verloren.
Füttert man Hafer im Gelände vom Erdboden, muß man damit rechnen, daß die Pferde das frische Gras vorziehen, den Hafer liegenlassen oder aber Gras und Erde mit dem Hafer mitfressen (Kolikgefahr!). Mancherorts wird empfohlen, ein dickes Stück Plastik oder ein Segeltuch unter das Futter zu legen; aber ein *Futterbeutel bzw. Tränkeimer aus Segeltuch* ist wesentlich universeller einzusetzen und auch praktischer: Unterwegs stößt man ab und zu auf Bäche mit steilen Ufern, in welche die Pferde nicht hineinsteigen können, ein Mensch aber sehr wohl. Auch wurden an vielen Dorfbrunnen die Brunnenbekken entfernt, so daß das Wasser direkt abläuft. In diesen Fällen leistet der Tränkeimer sehr gute Dienste.
Allerdings soll es auch Pferde geben, die mit dem Futterbeutel gern Unfug anstellen, z. B. ihn hochheben, daß der Hafer herausfällt, mit dem Beutel so lange auf dem Boden scheuern, bis er durchgewetzt ist und dergleichen mehr. Man sollte also stets ein Auge darauf halten.

Der Tränkeimer

Damit der Tränkeimer leicht zugänglich ist, schnallt man ihn außen auf die Packtaschen auf. Nach Gebrauch hängt man den nassen Eimer zum Trocknen offen außen an den Sattel, sonst besteht Gefahr, daß er zu schimmeln anfängt. Weiterhin ist es auch möglich, den Tränkeimer dem Pferd um den Hals zu hängen, so daß er sich vor der Brust des Pferdes befindet, wo er nicht stört.

Tränkeimer

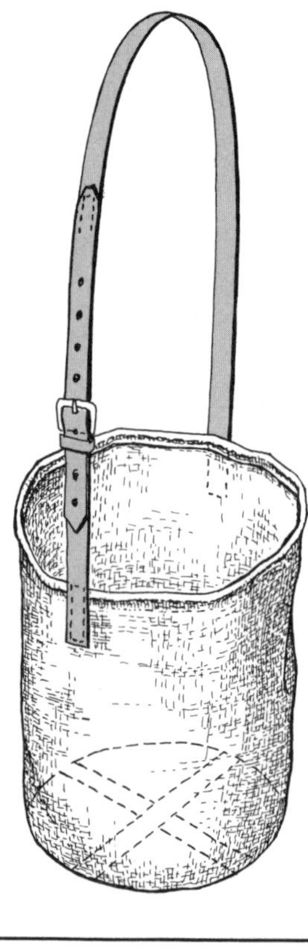

Letztere Methode hat sich bei uns sehr gut bewährt.
Der Tränkeimer kostet im Laden um die 40 DM, wenn man überhaupt einen bekommt. Hat man einen Schuster oder Sattler zur Hand, so lohnt sich der Eigenbau. Der Eimer hat einen Durchmesser von ca. 26 cm und soll ca. 30 cm hoch sein. Das Kopfstück besteht aus ca. 2 cm breiten Zügelgurten. So man will, kann man das Kopfstück verschnallbar anfertigen lassen (Schnalle 20 cm vom Eimerrand, Schnallstück aus Leder ca. 30 cm lang – die Gurte macht man entsprechend kürzer). Wer will, kann den Boden durch zwei kreuzweise aufgenähte Stoffbänder verstärken.
Außerdem kann im oberen Eimerrand auch noch ein Stück Plastikschlauch (Durchmesser ca. 8 mm) oder Seil eingenäht werden.
Wem die Konstruktion des Eimers zu aufwendig wird, der kann auch versuchen, einen ehemaligen wasserdichten Armeepacksack passenden Durchmessers zu finden. Diesen Sack schneidet man in entsprechender Höhe ab, legt den Rand um, vernäht diesen, und zuletzt läßt man die Beriemung anbringen. Die Länge des Kopfstückes richtet sich nach der Größe des Pferdekopfes, man muß sie vorher ausprobieren. – Die hier angegebenen Maße beziehen sich übrigens auf mein eigenes Pferd.

»Mittagessen im Gelände«.

Der Nachtritt

In gut bekanntem Gelände ohne Straßen kann ein Nachtritt bei Mondschein sehr schön sein, aber für einen Wanderritt durch unbekanntes Gelände ist der helle Tag besser geeignet: Löcher im Boden, Gräben, Stacheldraht, Glasscherben und dergleichen erkennt man nachts zumeist erst dann, wenn es schon zu spät ist. Ist man gar gezwungen, belebte Bundesstraßen zu benützen, kann es leicht passieren, daß ein nervöses Pferd vor entgegenkommenden Autos scheut – von den möglichen Folgen gar nicht zu reden!

Bei Dämmerungsbeginn muß man den Pferden *Leuchtgamaschen* anlegen, außerdem ist *nach vorne weißes* und *nach hinten rotes Licht* zu führen. Erfahrungsgemäß gehen die bekannten Steigbügel- oder Stiefellampen auf Wanderritten sehr gern zu Bruch; besser ist es, statt ihrer eine Taschenlampe mit Rotfilter zu benützen, um entgegenkommende oder von hinten anfahrende Autos auf sich aufmerksam zu machen. Dabei aber nicht die Autofahrer blenden! Hat man einen oder mehrere Schimmel dabei, so setzt man diese an den Anfang bzw. Schluß der Gruppe, da die weißen Pferde in jedem Fall besser gesehen werden als dunkle.

Ein Wort zum Gebrauch der Taschenlampe: Man versuche nicht, seinen Weg damit auszuleuchten; die Batterien sind erschöpft, noch ehe sie wirklich gebraucht werden! Vielmehr versucht man, seine Augen an die Dunkelheit zu gewöhnen. Das geht beim Menschen mehr oder weniger schnell – die Pferde dagegen sehen nachts sowieso besser als wir. Angeschaltet wird die Lampe wirklich nur zum Blick auf Karte und Kompaß oder zum Warnen entgegenkommenden Verkehrs.

Normalerweise sollte man nie in die Gefahr eines Nachtrittes kommen. Man plant ja seine Tagesetappen so, daß man spätestens zwei Stunden vor Sonnenuntergang im Quartier ankommt – wer sucht schon gern bei Taschenlampenbeleuchtung in fremder Umgebung nach Heu oder Stroh oder richtet den Stall her. Gerät man trotzdem gegen Abend in Zeitdruck, so versucht man keinesfalls, dies durch wildes Galoppieren wettzumachen, sondern marschiert in Schritt oder Trab zügig weiter, damit die Pferde absolut trocken bleiben. Besser noch ist es, abzusitzen und die Pferde zu führen.

Prinzipiell hat man zwei Möglichkeiten: vor dem ausgemachten Quartier die Zelte aufschlagen oder weiterreiten. Hat man sich bereits im Quartier angemeldet, kann man vielleicht einen Autofahrer bitten, dort Bescheid zu geben oder anzurufen. Oder man findet in einem anderen Dorf unterwegs eine Übernachtungsmöglichkeit und benachrichtigt von dort aus den anderen Quartiergeber, daß man **nicht** kommen wird. Wie man sich verhält, muß von Fall zu Fall entschieden werden. Nur eines sollte man beherzigen: Nie in wilder Panikstimmung losgaloppieren!

Wanderreiten bei Schlechtwetter

Wanderritte unternimmt man in der Regel nur während der schönen Jahreszeit. Leider ist das Wetter oft völlig unberechenbar; sowohl die »Wetterfrösche« als auch die alten Bauernweisheiten sind oft unzuverlässig.
Früh ist man bei wunderbarem Sonnenschein losgezogen, mittags ballen sich dunkle Wolken zusammen, dann folgt ein Gewitter – was tun? Die Pferde stört dies ja recht wenig, uns Reitern dagegen wird es ziemlich mulmig zumute. Die Grundregeln sind in diesem Fall: *Nicht unter hohe Bäume, nicht unter blechgedeckte Schuppen stellen.* Am besten ist es, *abzusitzen,* Pferd und Last zuzudecken (Poncho), selbst einen Regenumhang überzulegen und bis zum nächsten Ort zu führen. Dort stellt man bei einem Bauern oder einem Gasthaus die Pferde unter, bis das Unwetter vorbeigezogen ist. Hat man es nur mit Regen zu tun, reitet man einfach weiter; der Regenmantel oder Poncho hält ja dicht. Unangenehm wird es für den Reiter, wenn die Stiefel zu kurz sind, dann läuft nämlich das Wasser direkt vom Poncho in sie hinein! Stoffzeltbahnen lassen sich zwar speziell für Reiter auf eine besondere Art knöpfen, sind aber häufig nur eine gewisse Zeit wasserdicht. Ich konnte das vor einigen Jahren in Schottland am eigenen Leib recht gründlich erfahren; da half nur noch der Whiskey, sonst hätte ich dieses Abenteuer kaum ohne Schaden überstanden!
Man sollte sich durch solche Ereignisse auf keinen Fall die gute Laune verderben lassen. Regen (ausgerüstet mit guter Regenbekleidung ist er nur halb so schlimm) gehört genauso zum Naturerlebnis wie Sonnenschein.

Wanderritt bei Schnee und Eis.

Winter

In der kalten Jahreszeit ist es fast unmöglich, von den Pferden schnelle Arbeit zu verlangen, da ihr dichtes Winterfell sie sehr rasch zum Schwitzen bringt. Wenn man Pferde mit dickem Fell nach der Heimkehr in den warmen Stall zusätzlich mit einer warmen Winterdecke eindeckt, kann dies Anlaß zu starkem Nachschwitzen geben. Abhilfe schafft man hier, indem man Tiere, von denen auch im Winter schnelle Arbeit verlangt wird, schert. Allerdings gehören solche Pferde dann – zusätzlich eingedeckt – in den Stall, da andernfalls das Fell nur um so dichter nachwächst. Völlig verkehrt ist es, solche Pferde den ganzen Tag lang, von früh bis abends, ohne Decke in der Kälte stehen zu lassen. Leider habe ich das schon des öfteren beobachtet.

Gut versorgt, macht den Pferden eine solche Witterung nichts aus.

Die beste Lösung in meinen Augen ist es, im Winter die Temperatur im Stall auf etwa 0–10° Celsius zu halten, da dann das Fell nicht allzu dicht wird, und von den Pferden in erster Linie nur Schrittarbeit zu verlangen. Hierbei erübrigt sich die ganze Diskussion darüber, ob Scheren sinnvoll ist oder nicht.
Zu bedenken ist auch, daß die Pferde auf Grund mancher Futtermittel ein sehr dichtes und langes Fell bekommen (durch übermäßige Gaben von Futterrüben), andere wiederum (z. B. Mais, Silage) veranlassen sie sehr schnell zum Schwitzen. Hier sollte man also sorgfältig darauf bedacht sein, die richtige Futterzusammenstellung zu wählen.

Bei Ritten in Tiefschnee und Matsch reibt man nach dem Reiten die Fesseln der Pferde mit einem alten Frotteehandtuch trocken (keinesfalls mit Stroh oder der Wurzelbürste, da das zu Mauke führen würde) und bandagiert die Beine für 1–2 Stunden ein. Anschließend werden die Beine kräftig durchmassiert, und zwar von unten nach oben. Bei maukeanfälligen Tieren schmiert man die Fesselbeuge vor dem Ritt dick mit Rizinusöl oder Schweinefett ein, um sie vor Feuchtigkeit zu schützen.
Große Ritte sind im Winter ohnehin nicht möglich, da die Bodenverhältnisse schnelles Reiten kaum zulassen, des weiteren ist es nur wenige Stunden am Tage hell. Am besten beschränkt man sich darauf, die Pferde etwa eine Stunde täglich zu bewegen, damit man im Frühjahr eine gute Grundlage für das Konditionstraining hat und nicht wieder bei Null anfangen muß. Wird das Wetter besser, wärmer und trockener, werden die täglichen Ritte länger und Ende April/Anfang Mai auch schneller; dann ist das Winterfell weitgehend verloren und die Pferde sind schon recht fit und gehfreudig.

Erste Hilfe, Versicherungsschutz

Krankheitssymptome

Der Sinn von Kenntnissen in Erster Hilfe besteht nicht darin, den Tierarzt (oder auch den Humanmediziner, falls einem Reiter etwas zustößt) zu ersetzen, sondern im Falle eines Unfalls die nötigen Maßnahmen in die Wege einleiten zu können, bis ein solcher eintrifft. Jeder Reiter muß zumindest *erkennen* können, wenn es seinem Pferd schlecht geht.

In der Rekrutenvorschrift von 1936 werden folgende zwölf Merkpunkte für »drohende und ausgebrochene Krankheiten« angegeben:

1. Die Krippe ist nicht ausgefressen; das Pferd frißt überhaupt nicht oder nur schlecht. Das Pferd säuft nicht.
2. Das Pferd hat Durchfall.
3. Das Pferd wechselt häufig seine Beine, tritt einmal mit dem rechten Fuß auf, dann wieder mit dem linken.
4. Das Pferd tritt unruhig hin und her – scharrt ungewöhnlich viel und wälzt sich oft. Das Pferd schwitzt unbegründet.
5. Das Aussehen des Pferdes ist müde, schläfrig und unlustig.
6. Aus der Nase des Pferdes fließt wässerige oder trübe oder eitrige Flüssigkeit.
7. Das Pferd hustet.
8. Der Atem des Pferdes geht pfeifend und angestrengt.
9. Das Pferd hat Wunden, Schwellungen, Pickel und Unebenheiten der Haut (besonders auf der Sattellage).
10. Die Sehnen der Beine sind angeschwollen. Die Schwellungen fühlen sich warm und schwammig an.
11. Das Pferd tritt mit einem Fuß nicht auf, beim Führen lahmt es.
12. Die Hufe haben Spalten oder Ausbrüche. Der Hufstrahl ist weich (muß fest sein!). Am Hufstrahl zeigt sich eine übelriechende Flüssigkeit.

(Aus »Der Rekrut«, Anhang für Reiter, S. 7)

Wer sein Pferd ständig beobachtet, dem werden Symptome dieser Art sofort auffallen. Dann gilt es festzustellen, weshalb der Vierbeiner z. B. nicht frißt und was dagegen zu unternehmen ist, ob der Tierarzt hinzugezogen, das Pferd mit dem Pferdehänger heimgefahren oder in die nächste Tierklinik geschafft werden muß. Vier der folgenschwersten Krankheitssymptome sind im folgenden kurz besprochen:

Erschöpfung

Leider kommt es immer wieder vor, daß Pferde bis an den Rand ihrer Leistungsfähigkeit geritten werden, obwohl dies bei sinnvollem Training und sparsamstem Kräfteeinsatz nicht vorkommen darf. Die wichtigsten Erschöpfungsanzeichen (HDV 11/2, S. 98):

- Beschleunigtes Atmen mit starkem Flankenschlag und weit aufgerissenen Nüstern,
- auffallende Mattigkeit,
- vermehrter Schweißausbruch,
- Muskelzittern,

- pochender Herzschlag,
- Stolpern und Einknicken in den Gliedmaßen,
- Verweigern der Futter- und Wasseraufnahme,
- anfangs erhöhte Körperwärme (über 39° Celsius), später sehr niedrige Körperwärme.

Heute wird zur Kontrolle der Verfassung der Pferde vor allem die in den USA bei Distanzreitern entwickelte Messung von PAT (Puls – Atmung – Temperatur) angewendet. Die Normalwerte sind:

- Temperatur: 37,5–38,2
- Puls: 30–44
- Atmung: 9–15

Wer ohne Uhr und ohne Thermometer unterwegs ist, dem hilft dies nicht weiter, und er muß sich wohl oder übel mit den obigen Anzeichen »behelfen«. Die PAT-Messung kann aber beim vorbereitenden Training – egal ob für einen Wander- oder Distanzritt – sehr gute Dienste tun. In diesem Zusammenhang möchte ich auch auf das Buch »So macht man Pferde fit« (s. Literaturverzeichnis) hinweisen (vor allem S. 60 bis 62). Werte bei der Atmung von über 72 sind immer bedenklich! *Eine Pause bis zur Beruhigung ist auf alle Fälle einzulegen!*
Hier einige Vorbeugungsmaßnahmen gegen Erschöpfungsanzeichen, wieder nach der HDV 11/2, S. 98:

a) Zweckentsprechendes Einteilen der Pferde nach Größe, Stärke, Kräfteverhältnissen und Leistungsvermögen.
b) Schaffen von möglichst guten Unterkünften.
c) Gute Wartung und Pflege im Stall und im Dienst.
d) Ausreichendes, d. h. der Dienstleistung entsprechendes Füttern, vor allem ein ausreichendes Tränken.
e) Genügende Vorbereitung (Training) für erhöhte Dienstleistungen.
f) Schonung bei jeder Gelegenheit.
g) Rechtzeitiges Außerdienststellen bei starken Ermüdungserscheinungen.

Sofortmaßnahmen beim Auftreten der ersten Erschöpfungsanzeichen:

- Außerdienststellen der Pferde.
- Längere Ruhepause.
- Tierarzt holen.
- Box gut einstreuen.
- Wasser immer zur Verfügung halten.
- Das Futter auf fünf Gaben pro Tag verteilen.*
- Weidegang tut sehr gute Dienste.

Für *stark erschöpfte Pferde* empfiehlt die HDV 11/2 folgendes Futter, das für jede der fünf täglichen Mahlzeiten neu zubereitet werden muß:

»Hafer gequetscht = 250 g,
Kleie = 250 g,
Gerstenmehl = 250 g.

Dieses Gemenge wird in einem Eimer mit 2 Liter stark kochendem Wasser, das 10 g Kochsalz gelöst enthält, übergossen, sodann bedeckt man es mit einem Deckel und läßt es 2 Stunden ziehen.«

Gute Dienste zum »Aufpäppeln« übermüdeter Pferde tut auch ein Mehltrank,

* Dies ist bei Wanderritten problematisch, da in der Regel eine zweimalige Fütterung genügen muß. Eine dritte Hafermahlzeit oder eine Graspause unter Mittag ist zwar gut, kostet aber Zeit (mindestens 1 Stunde!). Eventuell kann abends um 18 Uhr und nochmals um 22 Uhr Hafer gefüttert werden. Zuviel Kraftfutter auf einmal ist ungesund!

wie er in Großbritannien häufig an Jagdpferde nach größeren Leistungen verfüttert wird. WRANGEL gibt in seinem »Buch vom Pferde« in Band 1, S. 33, folgendes Rezept an:

»Man nimmt zwei Hände voll grobes Hafermehl und rührt dieses mit etwas kaltem Wasser an. Hierauf gießt man 6–7 Liter warmes, aber nicht kochendes Wasser zu und rührt das Ganze wieder sorgfältig um ... Wenn die Suppe die Temperatur frisch gemolkener Milch angenommen hat, kann sie dem Pferde vorgesetzt werden.«

Hat das Pferd *gleichzeitig* noch *Durchfall,* so empfiehlt die Dienstvorschrift dieses Rezept (HDV 11/2):

»Haferschrot = 500 g,
Kleie = 100 g,
Gerstenmehl = 100 g,
Leinsamen = 300 g.

Der Leinsamen wird vorher angebrüht und mit dem übrigen Gemenge mit 2 Liter kochendem Wasser übergossen; dann läßt man das Ganze 2 Stunden ziehen. Dieses Gemenge mit 250 g Häcksel ist viermal am Tag zu füttern. Für die Nacht ist genügend gutes Heu vorzulegen.«

Nachteilig an diesen Rezepten ist die aufwendige Zubereitung des Leinsamens durch Kochen. Einfacher wird es, wenn man frisch geschroteten Leinsamen verwendet. Zum Schroten kann man eine elektrische Kaffeemühle mit Schlagwerk nehmen.

Bekannt ist, daß ein Mash nach größeren Anstrengungen von den Pferden sehr gut verwertet wird. Ein einfaches Rezept, das unter Umständen auch für Wanderritte praktisch ist, da es den eben erwähnten gemahlenen Leinsamen verwendet, ist das von J. v. GRONE (nach »So macht man Pferde fit«, S. 44):

Rezept für Mash

». . . fertige Trockenmischung . . . die man vorher wie folgt bereitet: pro geplanter Fütterung mischt man:

1 kg Quetschhafer
100 g geschroteten Leinsamen
½ kg Weizenkleie
1 Prise Salz

Jeweils vor Gebrauch gut mischen, eine Portion entnehmen, in einen Eimer geben, zur Hälfte mit kochendem Wasser übergießen und ziehen lassen. Später so viel kaltes Wasser nachgeben, daß der Eimer halbvoll ist. Lauwarm verfüttern, je nach Geschmack des einzelnen Pferdes etwas dicklicher oder flüssiger.«

Notfalls kann man auch statt des kochenden Wassers einfach warmes Wasser verwenden, gut umrühren und gleich das Gemisch verfüttern. So mache ich es seit Jahren ohne Schaden für die Pferde.

Jeder hüte sich, sein Pferd bis zur Erschöpfung zu reiten. Genügend gute Pferde haben schon durch Überanstrengung bei Fuchsjagden und dergleichen bleibende Herz- und Lungenschäden davongetragen.

Lahmheit

Ein Bekannter erzählte mir einmal, daß er im letzten Krieg jede Gelegenheit ausnützte, seine Tragtiere in eiskalte Gebirgsbäche zu stellen und dadurch im Gegensatz zu anderen Einheiten bei ihm nie ein Tragtier durch Lahmheit ausfiel! Das kalte Abspritzen der Pferdebeine nach größeren Leistungen und das damit verbundene Sehnenkühlen kann auch heute keinesfalls schaden, selbst wenn gerade kein Bach in der Nähe ist.

Trainierte Pferde, die vernünftig geritten werden, lahmen fast nie!

Angelaufene Fesselköpfe können durch ungewohnte, zu eiweißreiche Futtermittel (Weizen, Gerste und dergleichen) sowie durch Stehen nach größeren Anstrengungen hervorgerufen werden. Deshalb läßt man auch nach einem längeren Wanderritt das Pferd nicht im Stall stehen, sondern bewegt es weiter regelmäßig und baut die aufgebaute Kondition langsam wieder ab. Bei anfälligen Pferden empfiehlt es sich, nach dem Ritt die Beine (normalerweise sind die Hinterbeine betroffen) mit einem alten Handtuch und einer Bandage warm einzupacken und am nächsten Tag zu massieren. Bei Bewegung werden die Beine wieder dünner.

Ein häufiger, aber meist einfach zu beseitigender Grund für Lahmheit ist **Nageltritt.** Ist das Pferd gegen Tetanus geimpft, kann oft schon ein Schmied leicht Abhilfe schaffen, sollte kein Tierarzt aufzutreiben sein: Fremdkörper suchen und entfernen, Wundkanal erweitern, damit der Eiter abfließen kann, desinfizieren, Wundkanal mit Watte dichten, Hufteer auf die Sohle auftragen und ein Stück Leder unter dem Eisen mit aufnageln. In den meisten Fällen kann man damit den Ritt sogar fortsetzen.

Vergiftung durch Giftpflanzen

Leider kennen viele unserer Pferde die giftigen Pflanzen genausowenig wie der Großteil unserer Reiter, weil beide kaum noch Kontakt zur Natur haben. Daß Akazie, Buchsbaum, Bilsenkraut, Eibe, Liguster, Goldregen, Maiglöckchen, Hyazinthe, Tollkirsche, Herbstzeitlose, Schierling usw. giftig sind, das ist vielen wohl bekannt. Aber wie diese Pflanzen in der Natur aussehen – wenn man das halt wüßte! Hier wäre vielleicht der Griff zum Biologiebuch aus der Schulzeit kein Fehler oder die Lektüre anderer entsprechender Fachbücher. (Daneben gibt es auch Pflanzen mit Heilwirkung, was leider immer mehr in Vergessenheit gerät. Medizin aus der Apotheke ist meist bequemer.)

> Faustregel zur Vorbeugung von Pflanzenvergiftungen: Man lasse die Pferde nichts Unbekanntes fressen!

Anzeichen für eine Vergiftung:

- Plötzlicher steifer Gang,
- verfärbter Harn,
- erhöhte Temperatur,
- verdrehte Augäpfel,
- Muskelzittern,
- Kolik,
- Durchfall,
- Untertemperatur u. a. m.

Außer Giftpflanzen kommen in erster Linie noch Spritzmittel, gebeiztes Saatgut oder Rattengift in Frage. Ist kein Tierarzt zur Hand, muß man versuchen, sich bzw. dem Pferd selbst zu helfen. Zur Not reicht schon pulverisierte Holzkohle (½ Pfund), da diese große Mengen von Schadstoffen binden kann. Ist eine Apotheke oder Drogerie in der Nähe, tut folgendes Gegengift nach HUNGERFORD gute Dienste:

- 4 Teile gepulverte Holzkohle,
- 1 Teil Magnesiumkarbonat,
- 1 Teil Gerbsäure.

Davon gibt man ein halbes Pfund in den Kleiebrei oder ins Wasser (HAYES, S. 552). Das Mittel schadet auf keinen Fall und wirkt mehr oder weniger gut bei Vergiftungen jeglicher Art.

Bei **Durchfällen** bewährt sich pulverisierte Holzkohle, ebenso trockene Weizenkleie. Angefeuchtete Kleie, Futterrüben und Bittersalz dagegen führen ab.

Satteldruck

Bei meinen Pferden gab es Satteldruck noch nie, was wohl an der Verwendung von Militärsätteln (die den Pferden paßten), einem richtig gefalteten, sauberen Woilach, einem sauberen, trockenen Sattelgurt und nicht zuletzt an dem durchtrainierten Pferd lag.

Hauptursachen für Satteldruck sind:

- Unpassende Sättel, die auf dem Widerrist drücken;
- .gebrochene Sattelbäume;
- schmutzige, verschwitzte Satteldecken;
- ein schmutziger Sattelgurt;
- der Sattelgurt ist zu fest oder zu lose;
- der Sattelgurt ist zu weit vorn und scheuert (er soll eine Faustbreit hinter dem Ellbogen des Pferdes liegen);
- ein schlecht geputztes Pferd;
- Zweige unter der Satteldecke;
- ein unsicherer Reiter (er sitzt zu weit hinten);
- eine schlechte Gewichtsverteilung auf dem Sattel;
- ein untrainiertes Pferd, dessen Rükken zu weich ist.

Abhilfe erfolgt natürlich in erster Linie durch Abstellen der Ursachen, erst dann durch Behandlung.

Sofortmaßnahmen:

- Kühlen der Schwellungen,
- Prießnitzumschläge,
- Desinfektion bei offenen Wunden.

Unter Umständen kann man an der Druckstelle ein entsprechend großes Loch in die Sattelunterlage schneiden und weiterreiten, den Sattelgurt mit Lammfellüberzug versehen und eventuell nach dem Reiten die Sattellage mit Essigwasser und dergleichen abhärten. Kaputte Sättel gehören natürlich zum Sattler. Und wie schon oben gesagt:

> Satteldruck gehört zu jenen Übeln, die sich recht leicht vermeiden lassen!

Genug der Rezepte. Jedem sei an dieser Stelle ans Herz gelegt, sich aus entsprechender Fachliteratur (s. auch das Literaturverzeichnis am Ende des Buches) die nötigsten Kenntnisse über Pferdekrankheiten und Erste Hilfe zu verschaffen. Ideal ist es natürlich, sich im Winter zusammen mit anderen Gleichgesinnten das geeignete Wissen zu erarbeiten und vor allem das Gelernte am lebenden Objekt zu üben. So kann in einem Verein von nur zehn Leuten jeder beispielsweise 20 Seiten aus einem Buch durcharbeiten, darüber referieren und, in Stichpunkten zusammengefaßt, für jeden vervielfältigen. Dies ist nur ein Vorschlag für die Reitvereinsarbeit.

Packtaschen-Apotheke

Jeder Teilnehmer sollte vor Beginn des Wanderritts seinen *Zahnarzt* und auch den *Hausarzt* aufsuchen; zum einen dient dies zur Generalüberprüfung, zum anderen, um sich mit seinen ganz persönlichen Medikamenten, die man braucht, einzudecken. Zahnschmerzen haben schon so manchen Urlaub vergällt! Einen *Kurzlehrgang in Erster Hilfe* oder zumindest in *Sofortmaßnahmen am Unfallort,* wie ihn jeder vor der Führerscheinprüfung absolvieren muß, sollte wenigstens einer der Teilnehmer besucht haben.

Der Mindestinhalt des *Verbandkastens* für einen Einzelreiter kann z. B. so aussehen:

- 2 elastische Binden (für Roß und Reiter)
- 2 Dreiecktücher

- ▫ Desinfektionsmittel
- ▫ Heftpflaster
- ▫ Kopfschmerztabletten
- ▫ Hustentabletten
- ▫ Grippetabletten (letzteres z. B. Probepackungen vom Hausarzt)

Diese Mittel bringt man ganz gut in einer der praktischen Schweizer Patronentaschen unter. Ist man mit dem Troß und einer großen Reitergruppe unterwegs, wird der Verbandkasten wesentlich besser ausgestattet sein. Der Kfz-Verbandkasten ist sowieso dabei, dazu kommt eine reichlich ausgerüstete Pferdeapotheke mit Durchfall- und Abführmittel, Kühlerde, Abbindschlauch, Thermometer usw.
Betont sei an dieser Stelle, *daß die beste Stallapotheke nichts wert ist, solange keiner da ist, der damit umgehen kann!*

Gesundheitszeugnis, Impfpaß

In manchen Büchern über das Wanderreiten wird empfohlen, sich vom Haustierarzt ein *Gesundheitszeugnis* für das Pferd ausstellen zu lassen. Geht man zu irgendwelchen Lehrgängen auf ein Gestüt, so wird solch eine Bescheinigung verlangt – wer läßt sich schon gern eine Krankheit einschleppen! Ist man dagegen wanderndерweise unterwegs und kommt man jeden Tag in einen anderen Stall, so besteht die Möglichkeit, daß die Pferde dort Krankheiten aufgreifen und weitergeben, bevor oder sogar ohne daß sie selbst erkranken. Deshalb ist ein solches Zeugnis in meinen Augen wertlos. Besser ist es, *leere* Scheunen oder Ställe von Bauern anzusteuern. Turnier- und Reitstallungen bergen auf Grund des häufigen Pferdewechsels und auch wegen der vielen Standortwechsel der Tiere eine ständige Gefahr für Infektionskrankheiten.
Ganz anders liegt die Sache beim *Impfpaß,* in den man die obligaten Tetanus-, Husten- und eventuell Tollwutspritzen neben der zwei- bis viermal jährlich durchgeführten Wurmkur eintragen läßt. Jeder Reiter sollte seinen Impfpaß im Personalausweis mit sich führen!

Versicherungen

Eine **Tierhalter-Haftpflicht** hat wohl jeder Reiter. Wer meint, ohne sie auskommen zu können, kann böse Überraschungen erleben; dies wäre am falschen Fleck gespart! Allerdings lohnt es sich auf jeden Fall, die Preise und Leistungen der verschiedenen Versicherungen zu vergleichen und sich bei anderen Pferdebesitzern nach deren Erfahrungen zu erkundigen. Für Mitglieder von Reitvereinen wird ein Versicherungsabschluß übrigens billiger.

Ob man dagegen eine **Tierlebensversicherung** abschließt, muß jeder einzelne selbst wissen. Die beste Versicherung, vom Finanziellen ganz abgesehen, ist *Vorsicht.* Was nützt das Geld, wenn das Pferd tot ist; zu ersetzen ist der vertraute Vierbeiner ohnehin nicht – im Gegensatz zu einem Auto.

Eine **Personenhaftpflichtversicherung** und eine gute **Unfallversicherung** sollte jeder verantwortungsbewußte Reiter und Nichtreiter sowieso schon haben.

Anhang

Gesetzliche Verordnungen

So schön und ungebunden das Wanderreiten ist – frei von jeglichem turniermäßigen Reglement –, so hat doch jeder Reiter sich einigen sehr wichtigen, vom Gesetzgeber vorgegebenen Einschränkungen unterzuordnen. Bevor man sich also auf einen längeren Wanderritt begibt, sollte man sich mit folgenden Verordnungen und Gesetzen genauer beschäftigen.

Straßenverkehrsordnung (StVO)

Die Straßenverkehrsordnung gilt auch für Reiter und Führer von Pferden. Nach § 1 StVO erfordert die Teilnahme am Straßenverkehr ständige Vorsicht und gegenseitige Rücksicht; insbesondere ist die Rücksichtnahme auf Fußgänger oberstes Gebot. Jeder Verkehrsteilnehmer hat sich so zu verhalten, daß kein anderer geschädigt, gefährdet oder mehr als nach den Umständen unvermeidbar behindert oder belästigt wird. Bei Begegnung mit anderen Reitergruppen oder Viehherden ist zum Schritt überzugehen. Weitere allgemeine Regeln, die auch der Reiter zu beachten hat, sind:

- Pferd, Reiter und Fuhrwerk sind gleichwertige Verkehrsteilnehmer, nehmen an der Vorfahrt teil und müssen sich an Kreuzungen etc. richtig einordnen. Fußwege sind wie Radwege nur im Notfall zu benützen (wenn es die Verkehrssicherheit erfordert). Autobahnen sind selbstverständlich nicht zu benützen.
- Es ist stets die äußerste rechte Fahrbahn zu benützen.
- Die Länge einer Reitergruppe darf 25 m nicht überschreiten.
- Zwei Reitergruppen müssen einen Mindestabstand von 25 m haben.[1]

§ 28 StVO enthält für die Teilnahme am Straßenverkehr mit Tieren u. a. folgende Bestimmungen:

(1) Haus- und Stalltiere, die den Verkehr gefährden können, sind von der Straße fernzuhalten. Sie sind dort nur zugelassen, wenn sie von geeigneten Personen begleitet sind, die ausreichend auf sie einwirken können. Es ist verboten, Tiere von Kraftfahrzeugen aus zu führen. Von Fahrrädern aus dürfen nur Hunde geführt werden.

(2) Für Reiter, Führer von Pferden sowie Treiber und Führer von Vieh gelten die für den gesamten Fahrverkehr einheitlich bestehenden Verkehrsregeln und Anordnungen sinngemäß. Zur Beleuchtung müssen mindestens verwendet werden:

1. Beim Treiben von Vieh vorn eine nicht blendende Leuchte mit weißem Licht und am Ende eine Leuchte mit rotem Licht,
2. beim Führen auch nur eines Großtieres oder von Vieh eine nicht blendende Leuchte mit weißem Licht, die auf der linken Seite nach vorn und hinten gut sichtbar mitzuführen ist.[2]

Tierschutzgesetz (Auszug)[3].

vom 24. 7. 1972

§ 1
Dieses Gesetz dient dem Schutz des Lebens und Wohlbefindens des Tieres. Niemand darf einem Tier ohne vernünftigen Grund Schmerzen, Leiden oder Schäden zufügen.

---

[1] Quelle: Handbuch Pferd. München 1984

[2] Quelle: H. POLLAY: Das Reiterabzeichen leicht gemacht. 4. Aufl. München 1983

[3] Quelle: Bundesgesetzblatt Nr. 74/1972

§ 2

(1) Wer ein Tier hält, betreut oder zu betreuen hat,

1. muß dem Tier angemessene artgemäße Nahrung und Pflege sowie eine verhaltensgerechte Unterbringung gewähren,
2. darf das artgemäße Bewegungsbedürfnis eines Tieres nicht dauernd und nicht so einschränken, daß dem Tier vermeidbare Schmerzen, Leiden oder Schäden zugefügt werden.

. . .

§ 3

Es ist verboten,

1. einem Tier außer in Notfällen Leistungen abzuverlangen, denen es wegen seines Zustandes offensichtlich nicht gewachsen ist oder die offensichtlich seine Kräfte übersteigen.

. . .

§ 11

(1) Wer gewerbsmäßig mit Tieren handelt, hat dies bei Beginn der Tätigkeit der zuständigen Behörde anzuzeigen. Dies gilt nicht für Personen, die mit landwirtschaftlichen Nutztieren aus dem eigenen Betrieb handeln, sowie für Züchter, die eingetragenen Züchtervereinen angehören und ausschließlich im Rahmen der Zweckbestimmung des Vereins Tiere halten, züchten und handeln.

(2) Abs. 1 Satz 1 gilt auch für natürliche und juristische Personen, die gewerbsmäßig

1. einen Reit- oder Fahrbetrieb unterhalten,
2. Tiere zur Schau stellen. Üben diese Personen die Tätigkeit als Reisegewerbe aus, so ist die Anzeige der für den jeweiligen Ort der Gewerbeausübung zuständigen Behörde zu erstatten.

(3) Wer bei Inkrafttreten dieses Gesetzes gewerbsmäßig

1. mit Tieren handelt, ausgenommen in den Fällen des Abs. 1 Satz 2,
2. einen Reit- oder Fahrbetrieb unterhält oder
3. Tiere zur Schau stellt,

hat dies innerhalb eines Jahres nach Inkrafttreten dieses Gesetzes der zuständigen Behörde anzuzeigen.

(4) Ohne Einwilligung der Erziehungsberechtigten dürfen Tiere an Kinder bis zum vollendeten 14. Lebensjahr nicht verkauft werden.

. . .

§ 13

(1) Der Bundesminister wird ermächtigt, durch Rechtsverordnung mit Zustimmung des Bundesrates, soweit dies zum Schutz der Tiere erforderlich ist, Vorschriften über deren Haltung, Pflege und Unterbringung zu erlassen. Die Rechtsverordnung kann insbesondere Vorschriften enthalten über

1. Art und Umfang einer Beschränkung der natürlichen Bewegungs- oder Gemeinschaftsbedürfnisse von Tieren,
2. Anforderungen an Räume, Käfige, andere Behältnisse oder sonstige Einrichtungen zur Unterbringung von Tieren sowie an die Beschaffenheit von Anbinde- und Fütterungsvorrichtungen,
3. Anforderungen an Lichtverhältnisse, Lufttemperatur, Luftfeuchte, Luftbewegung sowie Frischluftzufuhr bei der Unterbringung von Tieren,
4. Wartung und Pflege sowie Überwachung von Tieren durch den Tierhalter oder Betreuer.

. . .

(3) Der Bundesminister wird ermächtigt, im Einvernehmen mit dem Bundesminister für Verkehr durch Rechtsverordnung mit Zustimmung des Bundesrates Vorschriften zum Schutz der Tiere bei der Beförderung im Straßen-, Schienen-, Schiffs- und Luftverkehr zu erlassen, insbesondere Vorschriften über die Verladung, Entladung, Unterbringung, Versorgung und Betreuung der Tiere.

§ 17

Mit Freiheitsstrafe bis zu zwei Jahren oder mit Geldstrafe wird bestraft, wer

1. ein Wirbeltier ohne vernünftigen Grund tötet oder
2. einem Wirbeltier
   a) aus Roheit erhebliche Schmerzen oder Leiden oder
   b) länger anhaltende oder sich wiederholende erhebliche Schmerzen oder Leiden

zufügt.

§ 18

. . .

(2) Ordnungswidrig handelt, wer vorsätzlich oder fahrlässig

1. einem Wirbeltier, das er hält, betreut oder zu betreuen hat, bei der Haltung, Pflege, Unterbringung oder Beförderung ohne vernünftigen Grund offensichtlich erhebliche Schmerzen, Leiden oder Schäden zufügt,

. . .

5. an einem Wirbeltier entgegen § 5 Abs. 1 Satz 1 einen Eingriff oder entgegen § 5 Abs. 1 Satz 2 eine Betäubung vornimmt, ohne Tierarzt zu sein oder entgegen § 5 Abs. 1 Satz 3 eine Betäubung ohne Erlaubnis vornimmt,

. . .

12. entgegen § 10 Abs. 2 Satz 1 als verantwortlicher Leiter die Aufsicht bei Eingriffen oder Behandlungen führt, ohne die in Abs. 2 Satz 2 geforderte Vorbildung oder Fachkenntnis zu haben,

. . .

18. entgegen § 11 Abs. 4 ein Tier ohne Einwilligung der Erziehungsberechtigten an Kinder bis zum vollendeten 14. Lebensjahr verkauft.

(3) Die Ordnungswidrigkeit kann mit einer Geldbuße bis zu zehntausend Deutsche Mark geahndet werden.

Naturschutz

Für jeden Reiter sollte es eine Selbstverständlichkeit sein, sich auf seinen Ausflügen umweltbewußt zu verhalten, Lebensräume von Pflanzen und Tieren nicht unnötig zu beunruhigen oder mutwillig zu belästigen, und er sollte auch daran denken, daß andere Menschen in unseren Wäldern und Auen ebenfalls Erholung suchen. – In der Bundesrepublik Deutschland gehört der Naturschutz in die Verantwortung der Bundesländer. Die bestehenden oder vorgesehenen Länder-Naturschutzgesetze müssen an das Bundesnaturschutzgesetz (BNatSchG) angepaßt werden. § 1 des BNatSchG vom 20. 12. 1976 umreißt in § 1 die Ziele des Naturschutzes und der Landschaftspflege:

§ 1

(1) Natur und Landschaft sind im besiedelten und unbesiedelten Bereich so zu schützen, zu pflegen und zu entwickeln, daß

1. die Leistungsfähigkeit des Naturhaushalts,
2. die Nutzungsfähigkeit der Naturgüter,
3. die Pflanzen- und Tierwelt sowie
4. die Vielfalt, Eigenart und Schönheit von Natur und Landschaft

als Lebensgrundlage des Menschen und als Voraussetzung für seine Erholung in Natur und Landschaft nachhaltig gesichert sind.

In Anlehnung an das BNatSchG heißt es z. B. im Bayerischen Naturschutzgesetz (BayNatSchG) vom 27. 7. 1973 bzw. 3. 8. 1982 u. a.:

Art. 23: Benutzung von Wegen; Markierungen

1. Jedermann darf auf Privatwegen in der freien Natur wandern und, soweit sich die Wege dafür eignen, reiten . . . Dem Fußgänger gebührt der Vorrang . . .
4. Die Vorschriften des Straßen- und Wegerechts und des Straßenverkehrsrechts bleiben unberührt.

Art. 24: Sportliche Betätigung

Zum Betreten im Sinne dieses Abschnitts gehören auch . . . das Reiten . . . in der freien Natur.

Feuchtgebiete gehören zu den am meisten gefährdeten Naturbereichen; diese Flächen sind unentbehrlich für die Erhaltung und die Bodenfruchtbarkeit und bilden einen unersetzbaren Lebensraum für die meisten vom Aussterben bedrohten Pflanzen- und Tierarten. Dazu zählen vor allem Verlandungsbereiche von Seen, Teichen und Tümpeln, die Ufervegetation mit Schilf und Röhrichtbeständen, Moore, Bruchwälder, bestimmte Auwälder und Streuwiesen.

Des weiteren hat der Wanderreiter daran zu denken, daß das Reiten von den Naturschutzbehörden zum Schutz der Spaziergänger oder zur Vermeidung von Schäden beschränkt werden kann, beispielsweise auf besondere Wege oder bestimmte Zeiten. Ferner kann vorgeschrieben werden, daß Reitpferde zu kennzeichnen sind. Im Wald ist Reiten generell nur auf Straßen und Wegen erlaubt.

Quellen:
G. Richter: Handbuch Stadtgrün. München 1981
Bundesgesetzblatt Nr. 147/1976
Das Bayerische Naturschutzgesetz. Broschüre des Bayer. Staatsministerium für Landesentwicklung und Umweltfragen. München 1982

Vereine, organisierte Wanderritte

Adressen und Hinweise

Verein der Wanderreiter-Simtshausen (VdW)
Geschäftsstelle: Arno Muth
Am Rödchen 10
3551 Münchhausen/OT Simtshausen
Telefon: 06423/7883

Der Verein hat ein Verzeichnis aller Zoll- und Veterinärbestimmungen der meisten Länder Europas erstellt. Weiterhin sind über ihn die Einfuhrbestimmungen für Einhufer und ein Verzeichnis der einzelnen Reitgesetze der Länder zu beziehen.

Vereinigung der Freizeitreiter Deutschlands (VFD)
Geschäftsstelle: Dr. H. Hasselmann
Masholder Weg
5353 Mechernich-Lorbach
Telefon: 02484/1670

Diese Vereinigung dürfte der stärkste Freizeitreitverband in Deutschland sein. Sie führt u. a. Kurse für Freizeitreiter durch und bietet die Möglichkeit zum Erwerb des Reiterpasses. In bezug auf die für den Freizeitreiter wichtigen Versicherungen bietet die Mitgliedschaft Vorteile, da zwischen der VFD und einem unserer größten Tierversicherer ein Gruppenversicherungsvertrag besteht (niedrigere Tarife für Mitglieder).

Erster Trekking Club Deutschlands (ETCD)
I. Vorsitzender: E. R. Vey
Im Hahlgarten 14
6382 Friedrichsdorf im Taunus
Telefon: 06175/1035

Auch dieser Club führt Lehrgänge und organisierte Ritte durch. Angeschlossen ist der Club dem Landessportbund Hessen und hat ebenso wie die VFD eine günstige Tierhalter-Haftpflichtversicherung für seine Mitglieder anzubieten. Eine praktische Veröffentlichung ist die Hufschmiedeliste, die sich bei der Organisation größerer Ritte als nützlich erweisen kann.

Viele der *örtlichen Reitvereine* kümmern sich ebenfalls um die Belange der Freizeitreiter. Bei der Organisation größerer Streckenritte ist auch die Deutsche Reiterliche Vereinigung (FN) in Warendorf behilflich. Von der FN wurde auch der Reiterpaß (FN) als Alternative für Freizeitreiter zum Reitabzeichen geschaffen. Selbstverständlich werden Vorbereitungslehrgänge durchgeführt.

Vor dem Eintritt in einen der erwähnten Vereine empfiehlt es sich auf jeden Fall, sich vorher über die lokale Praxis zu informieren, da regional starke Schwankungen im Niveau auftreten – gleichgültig bei welchem Verein.

Wer sich für das Distanzreiten interessiert, der sei verwiesen an den

Verein Deutscher Distanzreiter (VDD)
I. Vorsitzender: H. Stricker
Postfach 1105
Maassenstraße 12
4235 Schermbeck
Telefon: 02853/2244

Recht nützlich zur Einführung: »Info-Paket Distanzreiten«, herausgegeben von der Redaktion »Distanz Aktuell« des VDD.

Nützlich für die Organisation geplanter Wanderritte ist auch der von der Redaktion des »St. Georg« herausgegebene »Reiteratlas« mit Nachweis von Übernachtungsmöglichkeiten für Roß und Reiter. Desgleichen sei verwiesen auf die im »St. Georg« erschienene Serie »Mit dem Pferd über die Grenze«, in der die verschiedenen Grenzübergänge und Vorschriften genau beschrieben sind. (»St. Georg« 8/1980 – 4/1981: Heft 8/80 Niederlande, 9/80 Dänemark, 10/80 Belgien, 11/80 Frankreich, 12/80 Luxemburg, I/81 Schweiz, 2/81 Österreich, 3/81 Schweden und 4/81 Großbritannien).
Für Rittplanungen in der Bundesrepublik Deutschland sind außer dem »Reiteratlas« noch folgende Publikationen nützlich:

- »Reiseführer Ferien im Sattel – Wandern zu Pferde«, Verlag St. Georg, Düsseldorf.
- »Overland Trekking Führer«, herausgegeben von v. Olnhausen, Schwäbisch Gmünd.
- »Reitatlas Lüneburger Heide«, herausgegeben von H.-R. Haberbeck und P. Lichters, Lage/Lippe.

Bei Verwendung dieser Führer muß man auf jeden Fall vor Anlaufen einer der Quartierstationen rechtzeitig anrufen. Quartiernachweise sind auch über die verschiedenen Vereine und Verbände möglich.

Jährlich ausgeschriebene Wanderritte in der Bundesrepublik Deutschland

Soltauer Wanderritt
(Nordheide)
Organisationsleitung H. Bade
Freudenthalstr. 5
3042 Munster
Telefon: 05192/2284

Haverbecker Reitertag
(Nordheide)
Bodo Fischer
Forsthaus Niederhaverbeck
3045 Bispingen
Telefon: 05198/440

Hahnenmoor-Ritt
(nördl. Teutoburger Wald)
Fremdenverkehrsverein Maiburg e.V. und
Zucht-, Reit- und Fahrverein Berge e.V.
Schloßplatz 1
4557 Fürstenau
Telefon: 05901/1014

Reichswaldritt
(Niederrhein)
Verband der Reit- und Fahrvereine Rheinland
Endenicher Allee 60
5300 Bonn 1
Telefon: 0228/703485–86

Siebengebirgs-Wanderritt
wie Reichswaldritt

Münchhausen
(südl. Sauerland/Burgwald)
Verein der Wanderreiter Simtshausen
Arno Muth
Am Rödchen 10
3551 Münchhausen/OT. Simtshausen
Telefon: 06423/7883

Adenauer Wanderritt
(Eifel)
Turn- und Wintersportverein Abt. Reiten
Gartenstr. 30
5488 Adenau

Haberscheider Wanderritt
(Westerwald)
Reiterfreunde Haberscheid
5419 Puderbach

Wanderritte im Vogelsberg (Nordhessen)
Burckhard und Ritja Dressler
Allwetter Ranch
Postfach 122
6422 Herbstein

Dreieich-Patrouille
(Raum Frankfurt)
Charles Bodet du Chôdes
Speyerer Str. 2–4
6072 Dreieichenhain
Telefon: 069/730536–38

Verschiedene Ritte im Raume Main-Neckar
(Südhessen)
– auch Gespannfahrten –
Kreisreiterbund Offenbach
Rudolf Salg
Bleichstr. 69
6050 Offenbach/Main
Telefon: 069/814738

Verschiedene Ritte im Raume Pforzheim
Eberhard und Gertraud Walz
Lerchenhof
7251 Mönsheim
Telefon: 07044/7367

Rexhof (zwischen Rhein und Pfälzer Wald)
Edelgard Rex
6701 Altrip/Pfalz
Telefon: 06236/3765

Wanderritt im Königsland (Pfälzer Wald)
Jugenddorf Wolfstein
Am Ring 24
6759 Wolfstein
Telefon: 06304/614

Pfalz-Orientierungsritt
Wanderreiter Pfälzer Wald
Weißenbachstr. 129
6739 Weidenthal

Verschiedene Ritte in Südbaden
Verband der Südbadischen Reit- und Fahrvereine
Prof. Paul Rothmund
Dinkelbergstr. 11
7888 Rheinfelden-Eichsel

Drei-Helmen-Ritt (Ostbayern)
Erhard Gerleigner
Querstr. 3a
8300 Landshut
Telefon: 0871/62901

Literaturverzeichnis

ALTMANN, H.: Giftpflanzen – Gifttiere. München 1980
BAUER, T.: Handbuch des Hufbeschlags. Berlin 1938
BRUNS, U.: So macht man Pferde fit. Bonn 1975
BURGESS, I. T.: Die praktische Knoten-Fibel; 3. Aufl. München 1984
CODRINGTON, W. S.: Know your Horse. London 1955
DONNER, H. D./M. LLEWELLYN: Der Reiterpass. Hamburg 1979
EDWARDS, E. H.: Saddlery. London 1963
EDWARDS, E. H.: Pferdeausbildung; 3. Aufl. München 1984
EISENREICH, W. u. D.: Der große BLV Naturführer; 2. Aufl. München 1984
ENDE, H./E. ISENBÜGEL: Die Stallapotheke. Rüschlikon 1971
Ferien im Sattel, Wandern zu Pferde. Düsseldorf 1977
GROSSBAUER, J./F. HABACHER: Der Huf- und Klauenbeschlag (1900); 7. Aufl. Berlin/Wien 1941
Handbuch Pferd. München 1984
HART, E.: Pony Trekking. London 1976
HAYES, M. H.: Veterinary Notes for Horse Owners (1877). London 1968
HDV 11/2: Das Truppenpferd. Heft 2: Körperbau, Erkrankungen, Futtermittel. Berlin 1938
HDV 12: Reitvorschrift. Herford 1937
HDV 465/3: Fahren vom Bock. Berlin 1935
HDV 465/5: Fahr- und Fahrlehrgerät. Berlin 1935
HICKMAN, J.: Der richtige Hufbeschlag. München 1983
JONES, D.: The Dave Jones Book of Western Horsemanship. Houston 1976
KEIDEL, C. G./ R. WINDOLF: Wolkenbilder – Wettervorhersage; 2. Aufl. München 1982
KLIMKE, R.: Cavaletti. Stuttgart 1966
KRESSE, W.: Mit dem Pferde unterwegs. München 1975
Manual of Horsemastership, Equitation and Animal Transport. Edinburgh 1937
MEISSNER, H. O.: Die überlistete Wildnis. München 1967
MILLER, R. W.: Western Horse. Behavior and Training (1923). New York 1974
MÜSELER, W.: Reitlehre; 44. Aufl. Berlin 1981
NEPPEL, G. N.: Husaren in der Weltgeschichte. Wiesbaden 1975
OLNHAUSEN, H. v.: Overland Trekking Führer. Schwäbisch-Gmünd 1981
PAYSAN, A./G. BURK: Reisen zu Pferd. Stuttgart 1978
POTT, E.: Wald und Forst; 2. Aufl. München 1983
REIBERT, W.: Der Dienstunterricht im Heere. Band 8: Reiter; 12. Aufl. Berlin 1940
Reparaturen am Hufbeschlag, in *Bayerns Pferde.* München 4/1984
Richtlinien für Reiten und Fahren. Band 1: Grundausbildung; 17. Aufl. Warendorf 1974
ROTH, G. D.: Wetterkunde für alle; 2. Aufl. München 1979
SAARE, S.: Know all about Trail Riding; 2. Aufl. Omaha 1975
SCHAUER, Th./C. CASPARI: Der große BLV Pflanzenführer; 3. Aufl. München 1982
SCHIELE, E.: Pferdekauf; 3. Aufl. München 1979
SCHRAMM, U.: Das verrittene Pferd. München 1983
SOLINSKI, S. G.: Der Wanderreiter und sein Pferd. Rüschlikon 1974
SPOONER, G.: Pony Trekking. London 1961
STRAITON, E. C.: Pferdekrankheiten; 5. Aufl. München 1982
TYLDEN, G.: Horses and Saddlery. London 1965
WALTER, W. H.: Horse Keeper's Encyclopedia; 7. Aufl. Kingswood 1976
WEBER: Der Rekrut, mit Anhang für Reiter (von Macholz); 18. Aufl. Berlin 1937
WESTBROOK, A. u. P.: Trail Horses and Trail Riding; 2. Aufl. Hollywood 1966
WRANGEL, C. G.: Das Buch vom Pferde. 2 Bände (1927). Hildesheim 1977
WRIGHT, G.: The Cavalry Manual of Horsemanship and Horsemastership. Hollywood 1962